플랜두씨로
plan do see

명 문 대
완전정복

플랜투 do see 씨로

명 문 대

완전정복

서상훈 지음

한울

차례

머리말　공부를 '숙제'가 아니라 '축제'처럼 생각하길 바라며 　　　… 8

1장　네 안에 잠든 공부의 씨앗, 플랜두씨를 깨워라

• 공부의 씨앗만 깨우면 누구나 공부를 잘할 수 있다 　　… 17
• 인생의 다섯 친구와 함께하는 일상의 모든 순간에 플랜두씨가 숨
　어있다 　　… 21
• 플랜두씨전략을 실천하기 위한 '자연적 생각기술' 　　… 25
• 공부의 모든 순간에 '자연적 생각기술'이 숨어있다 　　… 29
• 자연적 생각기술의 효과를 높이기 위한 '자연적 학습기술' 　… 33
• 공부의 모든 순간에 '자연적 학습기술'이 숨어있다 　　… 38
• 어렵고 힘들 때나 슬럼프에 빠졌을 때는 '알보시고기술' 　… 43

쉬어가는 이야기
닭으로 살다 간 독수리-현재가 아니라 미래가 밝은 친구와 어울려라 … 47

2장 플랜두씨가 싹을 틔우게 만들어라

- 주말에 가족끼리 외식을 할 때도 '플랜두씨' ··· 53
- 주말에 쇼핑을 할 때도 '플랜두씨' ··· 58
- 휴가 때 가족끼리 여행을 할 때도 '플랜두씨' ··· 62
- 서점에서 책을 살 때도 '플랜두씨' ··· 66
- 공원에서 농구를 할 때도 '플랜두씨' ··· 70
- 도서관에서 DVD를 볼 때도 '플랜두씨' ··· 74
- 놀이공원에서 놀이시설을 이용할 때도 '플랜두씨' ··· 78

쉬어가는 이야기

결심만 하는 개구리-결심이 아니라 작은 실천이 변화의 시작이다 ··· 82

아자!

3장 플랜두씨가 꽃을 피우게 만들어라

- 학습 동기부여를 위한 '플랜두씨' ··· 89
- 효율적인 시간 관리를 위한 '플랜두씨' ··· 93
- 공부한 만큼 시험성적을 거두기 위한 '플랜두씨' ··· 97
- 암기력 향상을 위한 '플랜두씨' ··· 101
- 집중력 향상을 위한 '플랜두씨' ··· 105

쉬어가는 이야기

날 수 없었던 호박벌 이야기-포기하지 말고 꾸준하게 목적과 희망을 가지자
··· 109

4장 플랜두씨가 열매를 맺게 만들어라

- 효과적인 정리의 기술을 위한 '플랜두씨' ··· 115
- 국영수사과 과목별 공부법을 위한 '플랜두씨' ··· 119
- 예습-수업-복습 3단계 학습법을 위한 '플랜두씨' ··· 124
- 기억의 원리에 따른 공부를 하기 위한 '플랜두씨' ··· 128
- 완벽한 이해와 암기로 완전학습을 하기 위한 '플랜두씨' ··· 133

쉬어가는 이야기

플라톤의 끈기·끈기가 성공을 결정한다 ··· 137

5장 플랜두씨로 꿈과 목표를 이룬 성공인의 비결

- 성공의 원리에 숨어있는 공부의 원리 ··· 143
- 꿈을 이루는 원리에 숨어있는 공부의 원리 ··· 147
- 성공하는 사람들의 7가지 습관과 자기주도학습의 7가지 요소

  ··· 151
- 학습자유형에 따른 효과적인 공부방법 ··· 155
- 스마트 우등생이 되기 위해 알아두면 좋을 여러 가지 SMART

  ··· 159

쉬어가는 이야기

상처 없는 독수리는 없다-있는 그대로의 자신을 받아들여라 ··· 163

맺음말 함께 공부하며 플랜두씨 플라워 축제를 열어보세요 ··· 167
부록 ··· 171

공부를 '숙제'가 아니라
'축제'처럼 생각하길 바라며

안녕하세요?

거리의 은행나무들이 노란색으로 물들기 시작하더니 어느새 잎
도 다 떨어져서 앙상하게 변했습니다. 추운 바람에 옷깃을 여미게
되는 겨울이 이제 곧 시작되려고 하네요. 조금 있으면 어리광을 부
리며 장난기 넘치던 초등학생 시절을 뒤로 하고 중학교에 입학을
하겠네요.

혹시 요즘 어른들 사이에서 유행하는 유머를 알고 있나요? 북한
이 우리나라에 쳐들어오지 못하는 이유 말입니다. 그게 다 중2 학
생들 때문이라고 하네요. 중2가 어디로 튈지 모를 정도로 무서운
십대라서 북한도 무서워한다나요? 근데 며칠 전에 우리나라도 북

한에 쳐들어가지 못하는 이유를 알게 되었습니다. 바로 북한에도 중2 학생들이 있기 때문이라고 해요. 결국 외계인 같은 중2 학생들 때문에 한반도의 평화가 유지되고 있는 것인지도 모를 일입니다. 물론 믿거나 말거나 한 유머이겠죠.

참, 먼저 선생님 소개를 하겠습니다. 선생님은 "어떻게 하면 공부를 재미있고 즐겁게 하면서도 공부한 만큼 성과를 낼 수 있을까?"에 대해서 연구하고, 책도 쓰고, 강의도 하는 사람입니다. 다음이나 네이버에서 인물 검색을 해보면 '교육작가'나 '학습동기부여가'로 등록이 되어있을 거예요(자랑하려고 얘기하는 것은 절대 아닙니다^^).

좀 더 개인적인 얘기를 해볼까요? 선생님도 가수 아이유와 걸그룹 미쓰에이의 수지를 좋아하는 삼촌팬이에요(여기저기서 '아우~'하는 소리가 들리는 것 같은데?). 그리고 최근에 선생님이 강의를 하러 학교에 가면 개그콘서트에 나왔던 개그맨 김기열(인기 없는 남자)을 닮았다는 소리를 많이 들어요. 외모도 그렇지만 목소리가 똑같다고 하더라고요(정말 그런가?). 좋아하는 동물은 호랑이띠라서 호랑이고 (어허~ 벌써 나이 계산하는 친구가 있는 것 같은데?), 식물은 난초를 좋아하고, 사물은 풍선을 좋아한답니다. 이것들을 합쳐보면, 호랑이처럼 용감하고, 난초처럼 은은하며, 풍선처럼 꿈을 향해 나아가고 싶은 사람이 되고 싶다는 거겠죠?(쫌 멋있지 않나요?).

요즘 신문이나 방송에 나오는 뉴스에는 청소년에 대한 얘기가 많이 등장합니다. 보통의 뉴스가 그렇듯이 학교 폭력, 성 폭력, 우울증, 자살 등 부정적인 사건사고가 대부분이어서 안타까울 따름입니다. 특히 몇 년 사이 대구·경북 지역에서 30명이 넘는 중고생들이 자살한 소식을 듣고는 매우 충격을 받았습니다. 선생님도 살면서 죽고 싶다는 생각을 한 적이 있긴 하지만, '얼마나 마음이 괴롭고 힘들었으면 그랬을까?'라는 생각이 들면서 숙연해지더군요.

각자 정도의 차이는 있겠지만 이 글을 읽는 사춘기의 십대라면 누구나 크고 작은 고민거리가 하나쯤 있을 거라 생각합니다(선생님도 사춘기 때 고민종합선물세트를 늘 달고 살았었어요). 대부분 육체적인 변화와 정신적인 혼란이 겹치면서 자연스럽게 고민이 늘어나기 때문일 겁니다. 그런데 주변을 둘러보면 이런 고민을 나누고 상담을 받을 만한 멘토(mentor, 인생의 스승으로서 조언자의 역할을 하는 사람)가 없어서 혼자 고민을 하는 친구들을 많이 보게 돼요.

선생님은 너무 멀게 느껴지고, 부모님과도 말 한마디 나누지 않는 경우가 많을 테지요. 십대들의 삶을 잘 모르는 부모님은 잔소리만 늘어놓으실 테고, 선생님은 사고만 치지 않길 바라는 것처럼 느껴질 거고요. 매일 보는 부모님과 선생님이 멘토 역할을 해주면 참 좋으련만 이미 서로 좋지 않은 감정이 쌓여서 아무리 좋은 말을 해주셔도 귀에서 가슴으로 내려가지가 않는 경우가 많지 않나요? 그래서 이제부터 초긍정주의로 똘똘 뭉친 제가 여러분들에게 따뜻한

위로와 힘찬 응원의 메시지를 전하고자 합니다(다정한 친구, 자상한 선배, 훌륭한 멘토가 없는 친구들을 환영합니다).

요즘의 학생들이 주로 무엇을 고민하는지 자세히 알기 위해서 청소년사이버상담센터(https://www.cyber1388.kr)의 공개상담실에 올라온 내용들을 살펴보니 진학과 진로(꿈과 목표), 대인관계(다툼과 따돌림), 학업과 성적, 신체(키와 몸무게, 외모, 생리적인 현상 등), 성(性, 이성친구, 정체성), 가정문제(부모님의 불화, 형제와의 싸움), 학교 부적응(전학), 컴퓨터/인터넷/스마트폰 사용, 비행(非行), 정보 제공 등에 대해 고민을 하는 것 같더군요.

이런 고민들은 대부분 사춘기에 나타나는 사고방식과 행동, 말투, 부정적인 감정 표출과 관련이 있어요. 여러분도 한번 자신의 생활을 생각해보세요. 감정이 너무 쉽게 들끓고, 화도 쉽게 내는 것 같지 않나요? 물건도 잘 잃어버리고, 어른들이 금방 얘기한 것도 쉽게 잊어버리고 하지는 않나요? 청개구리처럼 하지 말라는 것만 골라서 하지는 않나요? 그건 다 여러분들이 잘못해서 그러는 것이 아니랍니다. 청소년이면 누구나 겪는 사춘기 시절의 뇌 특성 때문이에요.

최신 뇌과학 연구에 따르면 우리 뇌는 태어나서 죽을 때까지 지속적인 성장을 한다고 합니다. 뇌의 형태는 태아 때 완성되고, 대뇌와 소뇌 사이의 간뇌는 1세까지, 대뇌는 15세까지 발달됩니다. 대뇌 중에서도 전두엽의 성장은 25세 정도가 될 때까지 느리게 진행되는데, 이 부위가 바로 인간의 개념적인 사고와 비교와 예측, 추론을 담당하는 곳입니다. 즉, 청소년들은 개념적 사고와 논리적, 이성적 추론능력을 담당하는 전두엽과 기억을 관장하는 해마, 감정을 조절하는 뇌이랑 등의 발달이 덜 이루어졌기 때문에 질풍노도와도 같은 혼란을 겪는 것이라고 할 수 있죠.

정리하자면 어른들은 어떤 정보에 대한 의미를 파악하기 위해 논리적이고 반성적인 영역을 담당하는 전두엽을 사용하지만, 십대 청소년들은 똑같은 정보를 파악하는 데 감정의 중추를 담당하는 편도체를 사용한다는 겁니다. 그래서 서로 같은 정보를 접하더라도 다른 생각을 하게 되고, 말과 행동이 달라서 충돌하면서 갈등하는 것이지요. 자동차에 비유하자면 편도체는 엑셀러레이터라고, 전두엽은 브레이크라고 할 수 있습니다. 엑셀러레이터를 밟으면서 신나게 도로 위를 달릴 수 있지만, 브레이크가 말을 듣지 않는다면 어떻게 될까요? 무척 당황스럽고 울고 싶은 마음이 들겠지요. 여러분들이 평소에 가족, 친구, 선생님과의 문제로 어려움을 겪을 때의 마음도 이와 비슷하다고 생각하면 됩니다.

다행인 것은 시간이 지나면서 누구나 전두엽이 충분히 발달하면 수준 높은 사고와 판단을 할 수 있다는 겁니다. 즉, 엑셀러레이터와 함께 브레이크를 적절히 밟으면서 즐겁게 운전할 수 있게 되는 것이죠. 그때까지 기다리기만 하면 됩니다. 그런데 문제는 그뿐만이 아니죠. 밝은 미래를 상상하면서 현재 버티기에는 너무나 악몽 같은 일들이 많이 벌어지기 때문이죠. 특히 성적과 입시로 대표되는 공부문제는 큰 골칫거리가 아닐 수 없을 겁니다.

중학생이 되면 초등학생 때와는 달리 공부에 대한 부담이 엄청 커져요. 과목 수도 늘어나고, 내용도 어려워지고, 분량도 많아지기 때문이지요. 그래서 저는 어떻게 하면 공부 스트레스를 줄여줄까 고민하다가 공부를 '숙제'가 아니라 '축제'처럼 생각하면 좋겠다는 생각이 들었습니다. 그래서 '공부는 별 게 아니다'라고 여길 수 있는 당당한 자신감을 선물하고 싶어서 이 글을 쓰게 되었습니다.

이 책에는 공부를 밝고 긍정적으로 바라볼 수 있도록 도와주는 좋은 이야기들을 모아놓았습니다. 선생님의 글을 읽으면서 재미있고 즐겁게 공부하면서 행복한 청소년기를 보내면 좋겠네요. 그리고 여러분들은 각자 무지개의 일부이고, 하늘 위의 별이라는 사실을 명심하기 바랍니다. 하늘에서 반짝이는 수많은 별들에 감탄하며….

1장

네 안에 신는
공부의 씨앗,
플랜두씨를 깨워라

공부의 씨앗만 깨우면
누구나 공부를 잘할 수 있다

몇 년 전에 경남 함안군에 있는 사적 67호 성산산성에서 발견된 연꽃 씨앗이 700년 만에 꽃을 피웠다는 기사가 보도된 적이 있습니다. 가야문화재연구소가 연못 퇴적층을 발굴하던 중에 씨앗을 발견했는데, 방사성 탄소 연대 측정 결과 고려시대의 것임이 밝혀졌다고 하죠. 그런데 박물관 측에서 그 씨앗을 물에 담궜더니 싹이 텄고, 1년쯤 지나서 꽃을 피웠다고 합니다. 함안 박물관에서는 그 지역에 아라가야가 있었던 것에 착안해 연꽃에 '아라홍련'이라는 이름을 붙여주었습니다. 전문가들은 여러 종류의 연꽃으로 분화되기 이전의 모습을 갖고 있는 아라홍련이 연꽃의 계통 연구에 큰 도움이 될 거라 기대하는 분위기였다고 합니다.

이처럼 모든 식물에 씨앗이 들어있듯이 모든 학생들에게도 공부의 씨앗이 숨어있답니다. 그 씨앗의 이름을 '플랜두씨'라고 해요. 다른 말로는 자기주도학습(Self-Directed Learning)이라고 하지요. 자기주도학습의 사전적 정의는 "학습자 스스로 학습목표를 정하고 계획하며, 공부에 필요한 적절한 전략과 방법을 터득하고 실행한 뒤 스스로 결과를 평가하고 점검하는 것"이기도 합니다.

어딘지 모르게 좋은 말인 것 같긴 한데, 감이 잡히질 않죠? 게다가 영어의 플랜, 두, 씨를 합쳐놓은 저 말이 생소하기도 할 겁니다. 지금부터 제가 자세히 설명해줄게요. 자기주도학습이란 공부와 관련해 계획을 세우고, 계획대로 실행을 한 후에 평가를 하는 것이라고 간단하게 말할 수 있어요. 바로 '계획(Plan), 실행(Do), 평가(See)'인 것이죠. 식물의 씨앗에서 싹이 돋고, 잎이 나며, 꽃이 피고, 열매가 맺히듯이 공부의 씨앗인 플랜두씨를 통해 공부가 시작되는 겁니다.

이 플랜두씨를 어느 분야에 활용하느냐에 따라 이름은 조금씩 달라지지만 개념은 거의 비슷합니다. '계획(Plan), 실행(Do), 평가(See)'는 경영이나 관리를 잘하기 위한 핵심 키워드이기도 하니까요. 기업에서는 '기업경영'이라는 이름으로 불리면서 기업의 대표가 계획과 실행, 평가를 하게 됩니다. 이를 학교에 적용할 수도 있어요. 교장 선생님이 '학교경영'이라는 이름으로 부르면서 계획과 실행, 평가를 하게 되지요. 또 가정에서도 '가정경영'이라는 이름으로 부르면서 부모님이 계획과 실행, 평가를 할 수 있어요. 자, 이제 공부에도 적용시켜볼까요? '공부경영'이라고 이름을 붙일 수 있을 겁니다. 이것을 다른 말로 '자기주도학습'이라고 부르게 된 것이고요. 결국 플랜두씨는 공부뿐만 아니라 개인과 가정, 학교, 기업 등 모든 분야에 적용할 수 있는 핵심 키워드입니다.

자, 그럼 플랜두씨를 어떻게 공부에 적용할 수 있는지 알아보기 전에 일상에서 플랜두씨가 어떻게 적용되는지부터 살펴보도록 하겠습니다. 여러분의 인생에는 '다섯 친구'가 있을 겁니다. 누구인지 모르겠다고요? 인생을 살아가면서 삶을 풍요롭고 행복하게 만드는 데 도움을 주는 인생의 다섯 친구는 음악과 영화, 여행, 독서, 운동이에요. 여러분의 이런 친구들이 행복한 인생에 도움이 되는 이유는 다른 모습을 통해 나를 인식할 수 있게 만들기 때문입니다. 특히 천만 명 이상이 보는 영화, 백만 명 이상이 듣는 음악, 십만 명 이상이 체험하는 여행을 통해 누구나 쉽게 행복한 삶을 누릴 수 있어요. 인생의 다섯 친구와 플랜두씨가 만나면 어떤 일이 벌어질지 기대가 되지 않나요? 저는 너무 큰 기대를 해서 그런지 살짝 현기증이 나는 것 같은데요?^^

향기 나는 꽃과 달콤한 열매는 모두 씨앗 하나에서 시작됩니다. 우리 모두에게도 공부를 잘할 수 있는 씨앗인 플랜두씨가 있다는 사실을 꼭 기억해두길 바랍니다. 그런데 식물마다 꽃 피는 시기가 다르듯이 우리들도 성과를 거두는 시기가 달라요. 각자의 모습 그대로를 인정하고 꾸준히 노력하면서 변화가 찾아올 때까지 기다리는 것이 무엇보다 중요하고요. 앞으로 각자에게 주어진 플랜두씨를 잘 키워서 성적 향상이라는 꽃과 목표달성이란 열매를 맺게 되길 기도합니다.

인생의 다섯 친구와 함께하는
일상의 모든 순간에 플랜두씨가 숨어있다

얼마 전 아이돌 주간 순위사이트 '클릭스타워즈'가 올해 최고의
가수를 뽑는 연말 시상식을 개최한다는 기사를 봤어요. 선생님은
후보에 오른 아이돌 그룹을 보면서 아는 그룹이 별로 없다는 생각
이 들더군요. 아마도 여러분은 각 그룹의 멤버가 몇 명인지는 물론
이고, 멤버의 이름까지도 훤히 알고 있겠죠?

빅뱅, 엑소, 빅스, 비스트, 방탄소년단, B1A4, 젝스키스, 에이핑
크, B.A.P, 샤이니, 비투비, 세븐틴, AOA, 블락비, 원더걸스, GOT7,
2PM, 2AM, 여자친구, 레드벨벳, 블랙핑크, I.O.I, 인피니트, 신화,
슈퍼주니어, 트와이스, 소녀시대, 2NE1, miss A, 포미닛 중에서 어
떤 그룹을 가장 좋아하세요? 선생님은 역시나 '수지'의 삼촌팬이라

서 miss A를 가장 좋아해요.

선생님이 여러분 또래였을 때는 1세대 아이돌 그룹이 맹활약을 펼치던 시기였어요. 서태지와 아이들, H.O.T, 젝스키스, S.E.S, 핑클, 베이비복스, 룰라 등이 팬클럽을 몰고 다니며 큰 인기를 끌었지요. 지금은 대부분 연기자나 예능인으로 활동하고, 연예기획사를 운영하거나 개인 사업을 하고 있어서 가끔 근황을 접할 뿐이지만요. 그래도 라디오나 TV에서 낯익은 노래가 흘러나올 때면 금방 30년의 시간을 거슬러 올라가 그 시절의 한 장면을 떠올리기도 한답니다. 이처럼 음악은 인생의 어느 시기에 추억과 함께 기억되고, 나중에 언제든 꺼내서 그 추억을 되살릴 수 있기 때문에 소중하다는 생각이 듭니다. 자, 이제 음악과 플랜두씨가 무슨 관계가 있는지 함께 살펴볼까요?

예전에는 음반 가게에서 10곡 정도 수록된 CD나 테이프를 샀지만 요즘에는 인터넷으로 음악 사이트에 접속하거나 스마트폰 어플리케이션으로 좋아하는 노래만 다운로드 받거나 스트리밍으로 듣는 것이 일반적입니다. 과학기술의 발달에 따라 음악을 이용하는 방식도 빠르게 바뀌고 있어서 앞으로는 또 어떤 방식의 서비스가 일반화될지 모르겠네요. 어쨌든 음악을 들으려면 선택의 과정을 거쳐야만 합니다. 그 선택의 과정 속에 바로 '플랜두씨'가 숨어있다는 사실!

우선 어떤 음악을 들을 것인지 생각을 하게 되겠죠. 이게 바로 계획을 세우는 과정과 비슷합니다. 듣고 싶은 음악이 정해졌다면 다운로드나 스트리밍방식으로 음악을 듣게 됩니다. 이건 실행에 옮기는 것이라고 할 수 있어요. 음악을 듣고 나면 좋은지 안 좋은지, 마음에 드는지 안 드는지, 다시 들어보고 싶은지 아닌지 등의 어떤 느낌이 들 것이고요. 이게 바로 평가를 하는 것입니다.

멀티플렉스 상영관에서 영화를 볼 때도 마찬가지랍니다. 어떤 영화를 볼지 생각하는 것은 계획을 세우는 것이고, 해당 상영관에서 정해진 시간에 영화를 보는 것이 실행하는 것이며, 영화를 보고 나서 드는 느낌이나 생각이 바로 평가를 하는 것이지요. 가족이나 친구들과 함께 여행을 갈 때도 마찬가지입니다. 어디로 여행갈지 생각하는 것은 계획을 세우는 것이고, 여행지에서 이곳저곳을 둘러보는 것이 실행하는 것이며, 여행을 하고 나서 드는 느낌이나 생각이 평가를 하는 것입니다.

음악과 영화, 여행에 플랜두씨가 어떻게 적용되는지 살펴봤으니 독서와 운동에도 쉽게 응용할 수 있겠지요? 어떤 책을 볼지 생각하는 것이 계획을 세우는 것이고, 실제로 해당 책을 읽는 것은 실행하는 것이며, 책을 읽고 나서 드는 느낌이나 생각은 평가를 하는 것입니다. 또 어떤 운동을 할지 생각하는 것이 계획을 세우는 것이고, 실제로 해당 운동을 하는 것이 실행하는 것이며, 운동을 하고 나서 드는 느낌이나 생각은 평가를 하는 것이겠죠.

이렇듯 이미 우리는 일상에서 인생의 다섯 친구와 함께 플랜두씨를 실천하고 있습니다. 다만 미처 그걸 모르고 있었을 뿐이에요. 이제부터라도 어떤 일을 할 때 계획을 세우고, 계획대로 실행을 하며, 실행하고 나서 평가를 잘한다면 자기주도학습을 위한 기본기를 튼튼하게 다지게 될 거라 믿습니다. 공부는 책상에 앉아서만 하는 것이 아니랍니다. 일상의 모든 순간에 공부의 원리가 숨 쉬고 있다는 것을 명심하길 바랍니다.

플랜두씨전략을 실천하기 위한
'자연적 생각기술'

플랜두씨가 인생의 다섯 친구와 어떤 관련성이 있는지 알게 되면서 공부와도 분명 깊은 관련성이 있다는 짐작이 들었을 겁니다. 짧은 시간이지만 수준이 많이 높아졌을 거라 믿고 한 단계 수준을 높여보겠습니다. 잘 따라올 수 있겠죠? 플랜두씨를 한 차원 높인 것이 바로 '자연적 생각기술'입니다. '자연적 생각기술'이란 목표달성에 성공한 사람들이 공통적으로 활용하는 생각방식이기도 합니다. 성공인들은 평생 매순간 이 기술을 사용합니다. 이해를 돕기 위해 지하철을 탈 때를 예로 들어보겠습니다.

보통 우리들은 지하철을 탈 때 별 생각 없이 그냥 타곤 하지요. 하지만 성공인은 지하철을 탈 때도 특별한 생각방식을 활용하고 있어요. 우선 목적지까지 가장 쉽고 편하게 간다는 목표를 세우고 다양한 질문을 하면서 생각하는 겁니다. '몇 호선을 타고 어디서 갈아타야 하지?', '어느 방향에서 타야 하지?', '자리가 있다면 어느 자리에 앉아야 할까?', '자리가 없을 땐 누가 가장 빨리 내릴까?', '가방이나 쇼핑백은 어디에 두면 좋을까?', '내리기까지 시간은 어떻게 보낼까?' 등 여러 가지를 생각하면서 목표를 작은 부분으로 나누고 계속해서 피드백한다는 겁니다.

앞에 앉은 사람이 잠을 잔다거나 책이나 동영상을 본다거나 음악을 듣고 있으면 곧 내리지 않을 것이므로 다른 곳에 자리가 나기를 기다리는 편이 좋겠지요. 나이 든 분이나 아주머니들이 많이 서 있는 칸은 피하고, 사람들이 많을 경우 손잡이를 잡고 있는 것이 유리할 거예요. 이러한 전략적 사고가 '자연적 생각기술'입니다. 정말 간단하죠?

얼마 전 한 교양 프로그램에서 '지하철에서 앉아 가는 비법'에 대해 다룬 것을 본 적이 있어요. 거기에서 자연적 생각기술의 달인을 볼 수 있었습니다. 《통근 전철에서 앉는 기술》의 저자 요로즈 하지메 씨가 주인공입니다. 그가 쓰는 기본 기술은 좌우를 살피면서 빈자리 파악하기, 재빠르게 행동하는 사람의 뒤에 붙어가기, 바로 앞에 공간이 비면 그 자리 확보하기 등이었어요.

그는 앉아있는 승객을 관찰하면서 내릴 사람의 신호를 포착하는 것이 중요하다고 말합니다. 창문 밖을 두리번두리번 보는 사람, 꼬고 있던 다리를 푸는 사람, 옷 맵시를 가다듬는 사람, 우산 손잡이에 힘을 주는 사람, 잠을 쫓아내는 사람들은 곧 내릴 확률이 높겠죠. 그는 사람 관찰하기, 정보 수집하기, 80퍼센트만 욕심내고 20퍼센트는 양보하기 등을 핵심 포인트로 강조했습니다. 방송을 보면서 그의 탁월함에 혀를 내두를 수밖에 없었습니다. 그리고 저는 공부를 할 때도 자연적 생각기술을 활용할 수 있으면 너무나 좋겠다고 생각했습니다.

자연적 생각기술을 공부할 때 적용하는 방식은 다음과 같습니다. 첫째, 목표를 세우고 목표달성을 위해 학습활동을 전개합니다(Focus on the Goal). 둘째, 목표를 구체적인 계획으로 세분화하거나 복잡한 과제를 작은 부분으로 나눕니다(Break Tasks). 셋째, 질문하면서 목표달성의 확률을 높이고 수업시간에도 질문을 통해 이해력을 높입니다(Ask Question). 넷째, 질문에 대한 결과를 바탕으로 피드백하면서 목표를 점검하고 평가합니다(Get Feedback).

여기에서 'Focus on the Goal'은 'Plan'으로 바꿀 수 있고, 'Break Tasks'는 'Do'로 바꿀 수 있으며, 'Get Feedback'은 'See'로 바꿀 수 있습니다. 이제 왜 '자연적 생각기술'이 플랜두씨를 한 차원 높인 것이라고 했는지 이해가 되겠죠? 그럼 'Ask Question'은 무엇으로 바꿀 수 있을까요? 'Ask Question'은 계획을 세울 때, 실행할 때, 평가할 때 등 자연적 생각기술의 모든 과정에 끊임없이 적용되는 것이므로 플랜두씨를 감싸고 있는 껍질이라고 생각하면 됩니다.

그럼 '자연적 생각기술'이 중요한 이유는 무엇일까요? 앞서 예로 든 '지하철에서 앉아 가는 비법'에 비유하면 '자연적 생각기술'이 없는 사람은 목적지에 제대로 도착할 수가 없고, '자연적 생각기술'이 부족한 사람은 목적지에는 가더라도 서서 힘들게 가게 되며, '자연적 생각기술'이 뛰어난 사람은 매번 앉아서 편안하게 목적지에 도착하게 될 것입니다. '자연적 생각기술'을 습관화시키면 목표를 달성할 확률이 높아져서 지금보다 훨씬 성공적인 삶을 살게 될 거라 믿습니다.

공부의 모든 순간에
'자연적 생각기술'이 숨어있다

　'자연적 생각기술'이 무엇인지 이해했다면 지금부터 어떻게 공부에 적용시킬 수 있는지 하나씩 살펴보기로 하지요. 우선 학습의 불문율이라고 불리는 3단계 학습법(예습-수업-복습)에 어떻게 적용될 수 있는지 알아보겠습니다.

　첫째, 예습할 때 수업에 관심과 흥미를 가질 정도로 학습한다는 목표를 세우고, 언제, 어디서, 어떤 책으로, 얼마만큼, 어떻게 공부할지 목표를 세분화합니다. 그리고 예습의 효과를 높이기 위해 질문을 던지면서 좀 더 효과적인 방법을 찾기 위해 피드백하면 더욱 좋습니다. 둘째, 수업을 들을 때 수업의 핵심 내용을 복습한다는 목표를 세우고 목표를 세분화합니다. 여기서도 수업의 효과를 높이기 위해 어느 자리가 좋은지, 어떻게 노트 정리를 하면 좋은지, 어떤 것이 중요한지 질문하면서 효과를 높이기 위해 피드백합니다. 셋째, 복습하면서 완벽한 이해와 암기를 목표로 정하고 어떤 식으로 반복하면 좋을지 목표를 세분화합니다. 그리고 복습하는 과정에서 지속적으로 질문을 던지면서 피드백합니다.

교과서나 참고서를 읽을 때도 '자연적 생각기술'을 적용할 수 있습니다. 핵심이 무엇인지 파악하기 위해 질문을 던지고(Focusing), 질문을 만들기 위해 읽기의 내용을 분석하며(Break Task), 독서의 효과를 높이기 위해 질문을 던지면서(Ask Question) 질문에 답하기 위한 적극적인 독서를 하는 것입니다(Feedback). 즉, 책을 읽는 이유와 목적에 대해 질문을 던지고, 책의 핵심 내용과 메시지를 파악하기 위해 질문을 던지며, 책을 통해 깨달은 바가 있다면 생활 속에서 실천하고, 좀 더 나은 삶을 위해 끊임없이 수정·보완해나갑니다.

시험공부를 할 때도 '자연적 생각기술'을 적용할 수 있습니다. 핵심 내용으로 요약질문을 만들거나 모의시험문제를 만들고(Focusing). 질문 차트를 구성하거나 키워드 다이어그램을 그리며(Break Task), 시험공부의 효과를 높이기 위해 질문을 던지면서(Ask Question) 모의시험을 통해 부족한 부분을 보충하는 것입니다(Feedback). 즉, 시험을 보는 이유와 목적에 대해 질문을 던지고,

학습도구를 활용해 예상시험문제를 만들며, 완벽하게 이해하고 암기하며, 시험결과에 대한 점검과 평가를 통해 다음 시험을 준비하는 것입니다.

시간 관리를 할 때도 '자연적 생각기술'을 적용할 수 있지요. 긴급도와 중요도가 높은 일이 어떤 것인지 파악하고(Focusing), 현재 시간 사용 패턴을 분석하고 이를 적절히 재조정하며(Break Task), 시간 관리의 효과를 높이기 위해 질문을 던지면서(Ask Question) 'To-do list 일정 관리'를 통해 창조적으로 휴식하는 것입니다(Feedback). 즉, 시간 관리를 하는 이유와 목적에 대해 질문을 던지고, 시간 관리 매트릭스를 활용해 해야 할 일의 우선순위를 정하며, 공부를 중심으로 하나씩 일을 해나가는 것이죠.

건강 관리를 할 때도 '자연적 생각기술'을 적용할 수 있겠네요. 건강을 위해 해결할 문제가 무엇인지 질문하고(Focusing), 문제 해결을 위한 구체적 실천 방안을 모색하며(Break Task), 건강 관리의 효과를 높이기 위해 질문을 던지면서(Ask Question) 지속적으로 자신의 건강을 체크하는 것입니다(Feedback). 즉, 건강 관리를 하는 이유와 목적에 대해 질문을 던지고, 식습관과 운동습관, 생활습관을 올바르게 들이며, 좋은 컨디션을 유지하기 위해 지속적으로 노력하는 것을 말합니다.

공부할 때 '자연적 생각기술'을 활용하면 능동적인 학습자가 되어 문제인식 능력과 문제풀이 능력이 향상되고, 사실에 대한 자신의 관점이 명확해지므로 새로운 방향을 발견하게 되며, 배운 것에 대해 질문하고, 다시 조사하고, 새로운 가능성과 연관 관계를 맺으면서 자신의 주장을 펼칠 수 있습니다. 그리고 질문을 통해 이해의 폭을 넓힐 수 있고 사고의 깊이를 더하므로 기억력이 좋아지며, 학습태도가 적극적으로 바뀌고 시험문제를 예측할 수도 있으며 시간관리가 잘되고 스스로 테스트할 수도 있어요.

'자연적 생각기술'을 통해 목표에 초점을 맞추고, 질문하며, 나누고, 평가한다면 공부와 관련된 문제들을 지혜롭게 해결할 수 있을 겁니다. '자연적 생각기술'을 통해 길러진 다양한 능력들은 미래에 보다 확실한 방향을 제시하고, 큰 목적과 목표를 성취하도록 도와줌으로써 만족감과 행복감을 누리는 데도 기여할 것이고요. 자연적 생각기술을 잘 활용하면 일상과 일터, 학교에서 모두 성공적인 삶을 살게 될 거라 믿습니다.

자연적 생각기술의 효과를 높이기 위한
'자연적 학습기술'

저는 가끔씩 과학과 기술의 변화 속도에 깜짝 놀랄 때가 있습니다. 그중에서도 가장 놀라운 변화는 통신기기 분야에서 일어나고 있다고 생각합니다. 1990년대 초 '삐삐'라고 불렸던 무선호출기가 등장했을 때 사람들은 열광했었습니다. 그러다가 90년대 중반에 시티폰이 나왔고, 2000년대 초부터 휴대폰이 대중화되기 시작했지요. 이후 휴대폰은 진화를 거듭하더니 2000년대 말부터는 지금 모두가 사용하고 있는 스마트폰이 등장했지요. 컴퓨터로 하던 일들을 작은 전화기가 대신하게 된 것입니다.

학습법을 연구하면서 가장 안타까운 점이 있어요. 과학기술은 21세기의 흐름에 맞춰 엄청난 속도로 발전하는데, 학습기술은 20세기 방식에서 벗어나지 못하고 있다는 점입니다. 영어단어를 외우는 방식만 해도 과거 20세기를 살았던 부모세대나 현재 21세기를 살고 있는 학생들이나 방법 면에서는 큰 차이가 없어요. 매일 엄청나게 쏟아지는 지식과 정보의 홍수 속에서 갈수록 학습량이 늘어나고 난이도가 높아지는 학습환경을 고려하면 거의 재앙 수준이라고 할수 있습니다. 이런 재앙을 극복하려면 학습효율을 높이는 수밖에 없습니다.

'자연적 생각기술'로 성공인의 사고방식을 배웠다면 이제 성공인의 학습기술에 대해 살펴봐야겠네요. 학습법을 연구하면서 참으로 놀라운 것을 깨달았습니다. 어떤 분야에서든 뭔가를 배우고 익힐 때 다른 사람보다 빨리 효과적으로 받아들이는 사람들은 특별한 학습기술을 활용한다는 사실입니다. 특히 스포츠와 음악 등 예체능 분야에는 이런 학습기술이 일반화되어있는 편입니다.

그래서 이런 특별한 기술에는 그에 걸맞은 이름이 있어야 한다고 생각했습니다. 무언가를 배우거나 익힐 때 시공을 초월해 남녀노소 누구나 공감하는 보편타당한 원칙처럼 활용하는 방식이라는 의미에서 '자연적 학습기술'이라고 부르기로 했습니다. 실내 테니스라고 할 수 있는 '스쿼시'를 배울 때를 예로 들어볼까요?

- 첫 번째 시간: 준비운동과 코트 돌기, 기본 자세

- 두 번째 시간: 준비운동과 코트 돌기, 기본 자세(복습) + 포핸드 스트로크(복습)

- 세 번째 시간: 준비운동과 코트 돌기, 기본 자세(복습) + 포핸드 스트로크(복습) + 백핸드 스트로크

- 네 번째 시간: 준비운동과 코트 돌기, 기본 자세(복습) + 포핸드 스트로크(복습) + 백핸드 스트로크(복습) + 크로스 스트로크

- 다섯 번째 시간: 준비운동과 코트 돌기, 기본 자세(복습) + 포핸드 스트로크(복습) + 백핸드 스트로크(복습) + 크로스 스트로크(복습) + 발리 스트로크

운동을 배울 때 이렇게 복습을 누적하는 이유는 가장 효과적이기 때문입니다. 이미 우리는 최고의 학습기술을 알고 있는 것이지요. 그런데 참 이상하게도 공부를 할 때는 이런 방식으로 하질 않습니다. 저는 그 이유가 무엇인지 오래 고민한 끝에 나름의 이유를 찾았습니다.

우선 우리 뇌의 특성 때문입니다. 우리 뇌는 새로운 내용을 받아들이는 것은 좋아하지만 아는 것을 반복하는 것을 무척이나 싫어하는 경향이 있습니다. 그래서 같은 내용을 두세 번 반복하면 '아는 건데 또 해야 돼?', '이 정도면 되겠지'라는 생각을 하면서 뇌에서 거부반응을 일으키고, 결국엔 귀찮고 하기 싫은 느낌이 드는 것입

니다. 일상생활을 하는 데는 뇌의 이런 특성이 큰 문제가 되지 않습니다. 하지만 공부를 잘하려면 같은 내용을 최소한 다섯 번 이상 반복해야 하는데, 그러면 뇌가 수용할 수 있는 반복 회수를 두 배 정도 초과해야 하기 때문에 어려운 것이지요.

그리고 운동이나 악기는 몸으로 배운다는 것을 당연하게 생각하지만, 공부는 머리로만 하는 것이라는 착각 때문입니다. 몸으로 배우면 자신의 수준을 확실하게 파악할 수 있어서 부족한 부분을 스스로 보완할 수 있습니다. 하지만 머리로 공부를 할 때에는 자신의 수준을 당장 파악할 수 없기 때문에 애써 외면하면서 무시하고 지나가는 것이죠.

여기에서 중요한 포인트를 알 수 있습니다. 시험을 통해 드러난 성적은 나도 알고, 선생님도 알고, 부모님과 친구들도 알게 되니까 공식화된 결과라고 봐야 합니다. 하지만 시험을 보기 전에 다른 사람은 몰라도 자신은 수준을 정확히 알 수 있는 방법이 있습니다. 아주 간단합니다. 공부를 하면서 '이 문제가 시험에 나왔을 때 정확하게 맞출 수 있는가?'라는 질문을 스스로에게 던져보면 됩니다. 결국 공부를 잘하려면 자신에게 솔직해져야 한다는 걸 알 수 있습니다. 따라서 당장 수준이 드러나지 않는다고 해서 대충 넘어가지 말고 시험문제를 정확하게 맞출 수 있을 정도로 완벽하게 이해하고 암기해야 하는 것입니다.

이처럼 이미 우리가 잘 알고 있는 자연적 학습기술을 적극적으로 활용해야 학습효과를 높일 수 있습니다. 공부도 운동이나 악기를 배울 때처럼 하면 됩니다. 이런 단순한 진리를 깨닫고 실천하는 사람만이 성공학습자로 거듭날 수 있다는 점을 명심하기 바랍니다.

공부의 모든 순간에
'자연적 학습기술'이 숨어있다

자, 이제 성공인들이 자연적 학습기술을 어떻게 공부에 적용하고 있는지 살펴보겠습니다. 기억의 원리에 따라 망각을 이기고 기억을 잘하려면 '5회 이상의 주기적 반복'이 중요합니다. 결국 공부는 '효과적인 반복'이 관건인 셈이죠. 자연적 학습기술과 비슷한 '누적복습'을 활용하는 방법에 대해 알아보도록 하겠습니다.

성공인들이 활용하는 누적복습은 평범한 사람들이 활용하는 보통 복습과 비교해보면 쉽게 이해가 될 겁니다. 우리가 영어단어를 외우려는 계획을 세웠을 때 활용했던 방식이 바로 보통복습방식입니다. 하루에 10개 정도의 새로운 단어를 외우겠다고 생각하고 다음과 같이 한번 실천해보길 권합니다.

첫째 날 10개, 둘째 날 10개, 셋째 날 10개, 넷째 날 10개, 다섯째 날 10개 … 이렇게 한 달 동안 영어단어를 매일 10개씩 외우면 총 300개의 단어를 외울 수 있겠죠. 그리고 한 달째 되는 날 시험을 보면 100~150개 정도 기억이 날 겁니다. 이것은 망각곡선이론에 따라 하루에 10개씩 외우더라도 1시간이 지나면 절반 이상을 잊어버리기 때문입니다.

단순하게 생각하면 정말 비효율적인 방법이지요. 암기 확률이 50퍼센트도 되지 않는데, 그동안 시간과 노력, 비용을 들인 것이 너무 아깝게 느껴지지 않나요? 하지만, 우리는 이런 방식만으로도 기뻐하곤 합니다. 단어를 잊어버린 것은 신경 쓰지 않고 "300개 중에 150개나 외웠다"고 하면서 외운 것에만 초점을 맞추기 때문이지요. 이것이 바로 20세기의 보통복습방식입니다. 하지만 우리는 21세기에서 살고 있고, 좀 더 효과적인 누적복습방식으로 바꾸어야만 합니다.

누적복습으로 영어단어를 하루에 10개씩 외우려면 다음과 같이 하면 됩니다. 첫째 날은 새로운 단어 10개, 둘째 날은 전날 외운 단어 10개에 더해 새로운 단어 10개(총 20개), 셋째 날은 이틀 동안 외운 단어 20개에 더해 새로운 단어 10개(총 30개), 넷째 날은 사흘간 외운 단어 30개에 더해 새로운 단어 10개(총 40개), 다섯째 날은 나흘 동안 외운 단어 40개에 더해 새로운 단어 10개(총 50개)를 외우는 식이죠. 즉, 매일 새로운 단어만 10개씩 외우는 것이 아니라 한 번 외웠던 단어를 최소 다섯 번 정도 반복을 하면서 새로운 단어를 눈을 쌓듯이 누적해서 외우는 방식입니다. 신기하게도 이렇게 한 달 동안 300개의 단어를 외우면 거의 100퍼센트 기억하게 될 겁니다. 바로 우리 뇌가 좋아하는 방식이 이런 방식이거든요.

'누적복습'은 영어단어를 외울 때뿐만 아니라 교과서나 참고서를 볼 때도 적용할 수 있습니다. 우선 하루에 책을 볼 때 몇 페이지를 얼마나 볼 것인지를 정합니다. 예를 들어 첫째 날 1시간 동안 10페이지를 봤다면 둘째 날은 1~10페이지를 반복하고, 11~20페이지를 보는 것이죠. 그리고 셋째 날은 1~20페이지를 반복하고, 21~30페이지를 보고, 넷째 날은 1~30페이지를 반복하고, 31~40페이지를 보면 됩니다. 또 다섯째 날은 1~40페이지를 반복하고, 41~50페이지를 봅니다. 여섯째 날에는 5회 반복을 마친 1~10페이지를 빼고, 11~50페이지를 반복하고, 51~60페이지를 보고, 일곱째 날에는 마찬가지로 11~20페이지를 빼고, 21~60페이지를 반복하고, 61~70페이지를 보는 것입니다. 이런 식으로 눈을 쌓듯이 누적해서 책을 읽어나가면 되는 방식입니다.

시험공부를 할 때도 '누적복습'을 적용할 수 있겠죠. 시험 한 달 전에 시험공부계획을 세우면서 시험기간을 D-4주, D-2주, D-1일, 당일 아침, 10분 전 등의 다섯 시기로 나누는 것입니다. 그리고 이해·암기가 안 되는 어려운 내용이나 중요한 내용 중심으로 시험페이퍼를 만들면서 공부를 하다가 시험 2주 전이 되면 하루 정도 시간을 비우고 시험페이퍼의 내용만 집중적으로 암기하면서 더 이상 보지 않아도 되는 내용만 남기고 내용을 줄여보세요. 그리고 계속 시험공부를 하다가 시험 전날이 되면 그동안 만들어두었던 시험페이퍼를 꺼내서 그것만 집중적으로 암기하면서 내용을 줄이는 겁니다. 당일 아침에는 한 번 더 시험페이퍼를 보면서 내용을 줄이고, 시험 보기 10분 전에 마지막으로 시험페이퍼를 꺼내서 확인하면 됩니다. 이런 방식으로 시험 한 달 전부터 시험페이퍼의 내용을 누적해서 복습하기 때문에 시험에서 만점을 기대할 수 있는 것입니다.

반복방법을 컴퓨터에 비유하면 '보통복습'은 286 컴퓨터, '누적복습'은 586 펜티엄 컴퓨터 시스템과 같습니다. 우리가 영어단어를 외울 때 금방 머리가 아프고 기억이 잘되지 않는 이유는 시스템 사양이 낮기 때문입니다. 처리해야 할 정보는 많은데 시스템 사양이 낮기 때문에 과부하가 걸려서 그런 것이에요. 컴퓨터 성능이 떨어질 때 문제를 해결하는 방법은 크게 2가지가 있죠. 컴퓨터를 새로 구입하거나 업그레이드 시키는 것.

컴퓨터를 교체하듯이 우리 뇌를 교체하는 것은 불가능하므로 차선책으로 뇌의 능력을 업그레이드해야 할 필요가 있습니다. 하드

디스크, 메모리 카드, 소프트웨어 등을 바꾸면 컴퓨터가 쌩쌩 잘 돌아가듯이 '누적복습'으로 공부법을 바꾸면 뇌가 잘 돌아가게 됩니다. 이제 더 이상 공부할 때 머리와 손이 아프고, 마음까지 상할 필요가 없어요. '누적복습'이 기억혁명을 일으켜 공부를 즐겁게 만들어줄 겁니다. '누적복습'으로 꼭 변화에 성공하길 바랍니다.

어렵고 힘들 때나 슬럼프에 빠졌을 때는
'알보시고기술'

　'플랜두씨'와 '자연적 생각기술', '자연적 학습기술' 등을 활용해도 공부가 잘되지 않을 때나 어렵고 힘들 때, 슬럼프에 빠졌을 때는 '알보시고기술'을 활용해보세요. '알보시고'는 알려주고, 보여주고, 시켜보고, 고쳐주고의 앞글자를 따서 만든 말이랍니다. 켄 블랜차드의《춤추는 고래의 실천》이란 책에서 발견한 배움의 원리인데, 그 책에는 다음과 같은 재미있는 에피소드가 함께 소개되어 있습니다.

　켄 블랜차드가 어릴 때 아버지께서 폐품처리장에서 고물 자전거를 한 대 사오셨습니다. 그리고 자신의 모습을 옆에서 가만히 지켜보라고 하셨어요. 그러시고는 자전거의 부품을 하나하나 분해하더니 깨끗하게 닦고 수리한 후 다시 조립했습니다. 체인의 녹을 벗겨내고, 바퀴의 살을 바로잡고, 브레이크를 적당히 조이고, 페달을 돌려 상태를 확인하고, 여기저기 기름칠까지 하자 새것처럼 근사하게 바뀌었지요. 블랜차드는 친구들에게 자랑할 만한 자신의 자전거가 생겼다고 속으로 기뻐했어요. 그런데 아버지는 다시 자전거를 분해해버렸습니다. 그러고는 블랜차드에게 자신의 자전거를 가지려면 스스로 조립할 수 있어야 한다고 말하는 것이었습니다. 결국 블랜차드는 분해하고 조립하는 과정을 수없이 반복하면서 눈을 감고도 자전거를 조립할 수 있게 되었습니다. 나중에는 자전거에 문제가 생겨도 아버지나 다른 사람의 도움이 없이도 수리를 할 수 있을 정도가 된 것이지요.

블랜차드는 아버지가 자전거를 분해하고 조립하는 과정에서 '알보시고(알려주고, 보여주고, 시켜보고, 고쳐주고)'라는 중요한 배움의 원리를 알려주셨다는 것을 시간이 한참 지난 후에야 깨닫게 되었다고 합니다. 블랜차드의 아버지는 우선 자신이 자전거를 분해하면서 자전거에 있는 장치들에 대해 자세하게 알려주신 것이었습니다. 또 자전거를 조립하면서 자전거의 장치들이 어떻게 작동하는지도 보여주신 것이죠. 또 스스로 해볼 수 있게 조립도 시켜보고, 잘 안 되는 부분은 고쳐주신 것입니다.

블랜차드는 타이어가 펑크나거나 체인이 벗겨지고, 브레이크가

느슨해지거나, 기어가 고장나는 등 자전거에 문제가 생길 때마다 '알보시고'의 과정을 지속적으로 반복하다 보니 자연스럽게 배움의 원리를 깨닫게 되었습니다. 결국에는 자전거 수리점을 운영해도 될 정도로 전문가의 수준을 갖출 수 있었습니다. 이런 일화를 통해 배움의 원리를 바탕으로 한 사후 관리가 변화와 성공을 위해 너무나도 중요한 진리라는 것을 깨달은 것입니다. 그러고는 블랜차드는 "연습이 완벽을 낳는 것이 아니라, 완벽한 연습만이 완벽을 낳는다"고 강조했습니다.

사실 '알보시고'라는 배움의 원리는 이미 일상에서도 많이 활용되고 있는 방식입니다. 예를 들어 라면을 맛있게 끓이고 싶다는 욕표가 생겼다고 생각해보세요. 우선 엄마에게 어떻게 끓이면 되는지 물어보면 친절하게 알려주실 겁니다. 그런데 엄마의 설명대로 라면을 끓여도 이상하게 엄마가 끓여준 라면맛이 나지 않는 경우가 많습니다. 그러면 이번에는 엄마가 라면 끓이는 것을 직접 보여주면서 좀 더 자세한 요리법을 전수해주시겠죠.

면의 느끼함을 없애고 국물의 담백함을 주기 위해 면을 끓는 물에 살짝 데쳐야 한다거나, 맑은 국물을 위해 계란은 노른자와 흰자를 터뜨리지 않아야 한다거나, 감칠맛을 위해 대파를 조금 썰어서 넣는다거나 하는 식으로 구체적인 방법을 엄마로부터 얻을 수 있을 겁니다. 그러면 이제 엄마에게서 보고 들은 방법대로 정성껏 요리를 해보세요. 그래도 여전히 엄마가 끓인 라면과는 다른 맛이 날 수도 있습니다. 하지만 이렇게 '알보시고'의 과정을 거치면서 라면을 계속 끓이다 보면 요리의 달인으로 거듭나게 됩니다. 즉, 배움의 원리에 따라 학습에 성공한 것이라고 할 수 있지요.

이제 '알보시고기술'을 공부에 적용할 때를 생각해볼까요? 학교 수업시간에 선생님이 어떤 내용에 대해 말로 설명을 할 때 이해가 잘되지 않는다면 질문을 반드시 해야 합니다. 그리고 눈으로 보면서 이해할 수 있는 동영상이나 프레젠테이션자료, 인터넷자료 등을 추가로 요청하세요. 그래도 이해가 잘 안 된다면 본인이 직접 해보겠다고 시도해보세요. 손을 들고 적극적으로 참여하는 것도 좋습니다. 그렇게 해보고 나서도 잘 안 되는 부분이나 어떤 문제점이 있다면 선생님이 친절하게 고쳐줄 겁니다. 이런 '알보시고'의 과정을 거쳐야 어떤 1가지를 제대로 배울 수 있습니다.

어떤 일에서건 성공하려면 배움의 원리를 충실히 따르면 된다는 것을 꼭 기억하세요. 상대방이 방법을 알려주어도 이해가 잘 안 되면 직접 보여달라고 요청하면 됩니다. 자신의 눈으로 직접 보아도 잘 안 되면 직접 한번 해보겠다고 요청하면 됩니다. 그리고 잘 안 되는 부분에 대해 고쳐달라고 다시 요청하면 됩니다. '알보시고' 배움의 원리를 공부할 때뿐만 아니라 일상생활이나 일에도 적용한다면 아마 탁월한 성과에 감탄하게 될 것이라 믿습니다.

닭으로 살다 간 독수리

현재가 아니라 미래가 밝은 친구와 어울려라

중1 때까지 부모님과 선생님께 칭찬을 받으며 모범생으로 불렸던 민수는, 중2가 되면서 꾸중을 듣는 일이 많아지기 시작했습니다. 사춘기가 찾아오면서 알 수 없는 반항심이 생겼고, 예전에는 곱지 않게 보이던 친구들이 멋져 보이기 시작했습니다. 그래서 학교에서 '불량학생'이라고 불리는 친구들과 어울려서 약한 친구들을 괴롭히기도 하고, 남의 물건을 훔치기도 하면서 나쁜 짓을 일삼았습니다. 그러다가 학교에서 운영하는 진로 프로그램에 참여하게 되었는데, 어릴 때 자신의 꿈이 '과학자'였다는 것을 새삼 깨닫게 되었습니다. 정신을 차리고 다시 과학자의 꿈을 이루기 위해 열심히 공부하면서 노력하고 싶은데, 지금 어울리는 친구들과 멀어질 것

같아서 걱정하기 시작했습니다. 이런 민수 학생에게 들려주고 싶은
이야기가 있습니다.

닭장 근처의 숲에 독수리가 둥지를 틀고 알을 낳았다. 맑고 화창
한 어느 날 뱀이 독수리알을 먹으려고 하다가 실수로 바닥에 떨어
뜨렸다. 잠시 후에 너구리가 먹이를 구하려다 알을 발견하고는 둥
지로 가져가기 위해 열심히 굴리기 시작했다. 그러다가 실수로 알
이 닭장으로 굴러들어가버렸다. 물을 마시러 다녀온 어미닭은 다
른 알이 섞인 줄도 모르고 달걀과 함께 독수리 알도 품게 되었다.
얼마 후에 알을 깨고 새끼들이 나왔고, 병아리들과 함께 독수리새
끼도 건강하게 무럭무럭 자랐다.
어느 날 병아리 형제들과 신나게 장난치면서 놀던 독수리새끼가
물을 삼키기 위해 고개를 하늘로 쳐들었다. 그런데 그때 파란 하
늘 속 뭉게구름 사이로 멋있게 날고 있는 새를 발견했다. 호기심
이 생긴 독수리새끼가 어미닭에게 물었다.

"엄마 저 새 이름이 뭐예요?"
"음, 저 새는 '독수리'라고 하는데, 하늘의 제왕이라 불린단다."
"야! 정말 멋있다. 나도 땅에서 벗어나 저렇게 하늘을 날 수 있으
면 좋겠어요."

"얘, 송충이는 솔잎을 먹어야 하는 거야. 꿈 깨라, 꿈 깨!. 꼬꼬댁!"

그렇게 시간은 흘러 병아리들은 닭이 되었고, 그들과 함께 자란 독수리새끼도 역시 늙어서 죽을 순간이 되었다. 생의 마지막 순간을 함께하기 위해 가족닭들이 모두 모이자 독수리가 숨을 가쁘게 몰아쉬면서 힘겹게 한마디 했다.

"어릴 때부터 내 꿈은 독수리처럼 하늘 높이 멋지게 날아보는 것이었단다. 그 꿈을 이루지 못하고 죽는 것이 너무나 안타깝구나."

결국 독수리는 이 말을 남기고 숨을 거두었다.

세계적으로 유명한 동기부여전문가인 브라이언 트레이시는 《목표 그 성취의 기술》이란 책에서 독수리가 되고 싶다면 독수리 떼와 함께 날아야 한다고 강조하면서 다음과 같이 말했습니다.

"늘 교류하는 '준거집단'의 선택이 목표달성을 좌우한다. 칠면조 무리에 섞여있으면서 독수리를 꿈꾸지 마라. 목표에 걸맞은 사람들과 교류하라."

주변을 보면 자신이 독수리인지도 모르고 우아한 비상을 시도해 보지도 않은 채 마음속의 병아리들에게 둘러싸여 흙만 쪼다가 죽는 사람들이 많습니다. 우화에 나오는 독수리 아닌 독수리가 되지 않으려면 현재가 아니라 미래가 밝은 친구와 어울려야 합니다. 혹시 자신이 칠면조나 닭 무리에 섞여있는 독수리는 아닌지 스스로를 살펴보기 바랍니다.

"당신이 자주 어울리는 사람과 읽는 책이 변하지 않는다면,
지금의 당신이나 5년 후의 당신은 크게 다르지 않다."

찰리 트리멘더스 존스

2장

아자!

쓴맛누씨가
싹을 틔우게
만들어라

주말에 가족끼리 외식을 할 때도
'플랜두씨'

　엄마가 차려주는 밥을 먹으면 건강에도 좋고 맛도 좋지만 가끔씩 주말을 이용해 외식을 하면 색다른 즐거움을 느낄 수 있지요. 가족끼리 외식을 할 때에도 '플랜두씨'를 적용할 수 있다는 사실! 지금부터 선생님과 함께 한번 살펴볼까요?

　우선 가족끼리 주말에 외식을 하자는 플랜(계획)을 누군가가 세우고 나서 가족의 동의를 얻는 과정이 필요합니다. 그러려면 식구들이 모두 모일 수 있는 시간을 알아봐야 하겠죠? 요즘에는 너나 할 것 없이 다들 바쁘고, 집에 돌아오는 시간도 제각각이니 전화나 카톡으로 상의를 많이 하는 편입니다. 이렇게 각자의 스케줄을 확인하고, 특별한 일정이나 약속은 없는지 서로 물어보는 과정이 필요합니다. 회사일로 바쁜 아빠나 엄마라면 주말에 출장이 있을 수도 있고, 공부로 바쁜 자녀들이라면 중요한 스터디가 예정되어있기도 할 겁니다. 게다가 경조사에 참여해야 할 수도 있고, 보충수업이 있을 수도 있겠죠. 이렇게 얘기를 나누다 모두의 일정이 맞는 토요일이나 일요일 점심과 저녁시간 중에서 의견의 일치를 보는 시간이 생길 겁니다. 이렇게 주말 가족 외식계획의 시작인 '일정'이 정해졌습니다.

다음으로는 어떤 종류의 음식을 먹으면 좋을지를 정해야 합니다. 일단 육(땅 음식), 해(바다 음식), 공(하늘 음식) 중에서 하나를 정하는 겁니다. 각자의 입맛이 달라서 음식을 정하는 데에도 시간이 꽤 걸리겠죠? 자, 만약 '해(바다 음식)'로 정했다면 이번에는 한식, 일식, 중식, 양식 중에서 어떤 걸로 하면 좋을지 정하는 단계가 남았습니다. 한식은 집에서 많이 먹으니 일식을 먹자는 의견도 있을 것이고, 일식은 저번에 먹었으니 중식을 먹자는 의견도 있을 것이며, 얼마 전에 누가 양식을 추천해줬다는 의견도 있을 것이고, 할아버지나 할머니도 함께 가실 거라면 역시 한식이 좋겠다는 의견도 있을 겁니다. 결국 다수결로 한식 중심의 해산물이 풍부하게 갖춰진 '뷔페식 씨푸드 레스토랑'으로 의견의 일치를 보았다고 생각해보죠. 이제 주말 가족 외식계획에서 '일정'의 다음 단계인 '종류'가 정해진 겁니다.

이어서 '뷔페식 씨푸드 레스토랑' 중에 어느 곳이 좋을지 알아봐야겠죠? A, B, C라는 레스토랑들이 후보로 제시되었다고 생각해보세요. A는 저번에 가봤는데 음식 맛도 별로고 서비스도 시원찮아서 기분이 상했던 곳이라 바로 제외하고, B는 새로 생긴 곳으로 맛과 서비스가 괜찮다고 입소문이 빠르게 퍼지는 중이며, C는 최근에 리모델링을 하면서 할인 이벤트 행사를 하고 있는 곳입니다. 가족들과 상의를 해보니 할인 이벤트가 있는 곳으로 가자는 의견이 압도적으로 많았네요. 이제 주말 가족 외식계획에 대한 '장소'까지 정해진 것입니다. C레스토랑에 전화를 해서 예약을 하면 계획이 완료되겠죠?

드디어 주말이 되어 C레스토랑에 가족들이 모두 모였습니다. 플랜(계획)을 두(실행)로 옮기게 된 것이지요. 안내 데스크에서 예약내용을 확인하고, 직원의 안내를 받아서 예약석으로 가서 앉습니다. 이때 다시 한 번 플랜(계획)이 등장하게 됩니다. 어떻게 하면 행복한 외식을 할 수 있을지 각자 구체적인 플랜(계획)을 다시 세우는 것입니다. 애피타이저로 샐러드부터 먹는 사람도 있고, 수프나 죽으로 시작하는 사람도 있을 것이고, 별도로 주문하고 기다렸다가 먹어야 하는 스파게티부터 먹는 사람도 있고, 평소에 먹기 힘든 음식들을 담아오는 사람도 있겠죠? 모두 각자 나름의 행복을 위해 계획을 실행에 옮기는 것입니다.

가족들과 담소를 나누면서 몇 차례 음식을 가져다 먹다보면 어느덧 2시간이 훌쩍 지나갈 겁니다. 이제 외식을 마치고 집으로 돌아갈 시간이 되었습니다. 집으로 돌아가는 차 안에서 C레스토랑에 대해 서로 평하는 경우가 있겠죠? 이것이 바로 씨(평가)를 하는 단계입니다. 음식맛이 예전보다 좋아졌다는 의견, 종류가 예전보다 많이 줄어서 아쉬웠다는 의견, 할인 이벤트 행사 기간이라 그런지 음식 재료가 별로였다는 의견, 다른 곳에서는 맛볼 수 없는 음식이 있어서 괜찮았다는 의견 등이 있을 겁니다. 이번의 외식은 전반적으로 만족스럽다는 의견이 좀 더 많아서 다음에 다시 한 번 오자는 것으로 평가가 마무리되었다고 생각해보겠습니다.

이렇게 주말에 가족끼리 외식을 할 때도 '플랜두씨'가 적용될 수 있습니다. 그럼 '플랜두씨'를 적용하지 않았을 때는 어떤 일이 벌어질지 한번 상상해볼까요? 주말에 가족 외식을 하겠다는 계획을 세우지 않고 갑자기 외식을 하자고 정하면 가족이 모두 한자리에 모이기 어려울 겁니다. 외식계획을 세웠지만 가족 중 몇 사람이 갑자기 급한 일이 생겼다면서 다음으로 미루자고 하면서 실행에 옮기지 못하면 다음번에도 계획을 다시 세우기가 어려울 겁니다. 외식을 하고 나서 평가를 하지 않으면 가족들이 외식에 대해 어떻게 생각했는지 모르기 때문에 마음에 들지 않았던 곳을 다시 가게 될 수도 있을 겁니다.

자, 어떤가요? 앞으로 가족 외식계획을 세울 때에도 '플랜두씨'를 적용해볼 필요가 있겠죠? '플랜두씨'가 가족 외식을 좀 더 행복한 시간으로 만들어줄 거라 믿습니다. 왜냐하면 '플랜두씨'에서는 행복도 싹트기 때문입니다.

주말에 쇼핑을 할 때도
'플랜두씨'

생일을 앞두고 엄마가 선물을 사주겠다고 하셔서 옷을 사러 가게 된 상황을 생각해볼까요? 이렇게 가족끼리 쇼핑을 할 때 '플랜두씨'가 어떻게 적용될 수 있는지 살펴보겠습니다.

우선 함께 옷을 사러 가자는 플랜(계획)을 세워야겠죠? 엄마와 여러분만 협의하면 되니 가족이 모두 상의해야 하는 외식보다는 훨씬 수월할 겁니다. 마침 토요일 오후에 모두 특별한 일이 없어서 쇼핑을 하기로 약속을 잡았습니다. 이제 어떤 옷을 살 것인지를 정하는 질문을 해야 하는 단계입니다. 곧 날씨가 추워지는 겨울이 다가오니 겨울옷을 사면 좋을 것 같네요. 엄마는 실용성을 중시해서 따뜻한 오리털 파카를 추천했고, 여러분은 대부분 친구들 사이에서 유행하는 코트를 사고 싶어 할 겁니다. 하지만 두 벌을 모두 사기는 어려우니 1가지만 사야 합니다. 이때 어떤 옷을 살지를 두고 엄마와 여러분 사이의 의견이 좁혀지지 않아 서로 말싸움을 하면서 다툴 수도 있을 겁니다. 그래서 일단 매장에 가서 둘러보고 무엇이 좋을지 정하자는 선에서 상의를 합니다.

그렇다면 이제 어떤 매장에서 옷을 사면 좋을지 질문을 해야겠죠? 음식점은 미리 한 곳을 정해서 가는 것이 일반적이지만 옷은 여러 곳을 둘러보면서 한 번씩 입어보고 사는 편일 겁니다. 그러니 계획을 세울 때에도 백화점과 아울렛, 쇼핑몰 중에서 어떤 곳이 좋을지 생각해보는 것이 좋습니다. 백화점은 품질과 디자인이 뛰어나긴 하지만 가격이 비싸고, 아울렛은 품질과 디자인 대비 가격은 저렴하지만 1년 이상 지난 상품이며, 쇼핑몰은 가격은 저렴하지만 품질과 디자인이 떨어집니다. 하지만 이것도 미리 정하기보다는 백화점과 아울렛, 쇼핑몰이 모두 모여있는 곳에서 만나자는 정도로 약속을 정하면 더 좋을 겁니다.

드디어 토요일 오후가 되어 백화점에 가게 되었습니다. 플랜(계획)을 두(실행)로 옮기게 된 것입니다. 엄마와 함께 백화점을 갔으니 매장을 한 바퀴 둘러본 후에 요즘 잘 나가는 브랜드 매장에서 코트부터 입어보아야겠죠? 그런데 엄마가 너무 비싼 가격에 놀란 듯한 눈치입니다. 그래도 친구들도 하나씩 입는 코트라 필수 아이템으로 갖고 싶은 마음이 들어서 고민이 될 겁니다. 어쩔 수 없이 엄마가 추천하는 브랜드의 오리털 파카도 입어봐야 하겠고요.

백화점에서 코트를 사지 못했으면 이제 아울렛으로 가야 할 겁니다. 어쩌면 여러분은 이미 백화점에서 본 코트에 온통 마음이 쏠려서 시큰둥하겠지만 엄마는 마음에 드는 옷들이 엄청 싸다면서 무척 신이 나셨을 거예요. 엄마의 성화에 못이겨 파카를 입어보지만 생일선물로 사는 건데 마음에 드는 것도 못 사고 '이게 뭐야?'라는 생각도 들었을 겁니다. 그러다 아울렛을 나와 쇼핑몰로 자리를 옮겨 둘러봤지만 역시나 마음에 드는 옷은 발견하지 못했을 거고요. 결국 엄마는 코트가 유행을 탄다고 하시더니 가격도 너무 비싸다면서 오리털 파카를 사라고 강요하셨겠죠. 결국 엄마의 집요한 권유에 못 이겨서 오리털 파카를 사게 되었을 겁니다.

자, 여러분이 원하던 코트를 사지는 못했지만, 마음을 추스르고 다시 파카를 입어보면서 파카에 대한 씨(평가)를 해야겠지요? 색깔이 어둡고 디자인이 밋밋해서 마음에 들지 않을 수도 있고, 코트에 대한 생각을 이미 버린 뒤라 차선책으로 괜찮다고 느낄 수도 있을 겁니다. 아니면 겨울 남방과 코듀로이 바지에 맞춰서 입어보니 의외로 썩 잘 어울린다는 생각이 들 수도 있을 겁니다. 하지만 역시나 꼭 사고 싶었던 코트를 못 샀기 때문에 다음번에는 용돈을 열심히 모아서 사고 싶은 걸 꼭 사고 말겠다는 다짐을 하고 있겠지요? 이런 식으로 또 다른 계획을 세울 수도 있을 겁니다. 올해는 '플랜두씨'가 시든 꽃을 피웠는데, 내년에는 싱싱한 꽃을 피울 수 있을까? 그건 실행을 어떻게 하느냐에 달려있습니다. '플랜두씨'가 쇼핑을 할 때도 적용된다는 것을 꼭 기억하길 바랍니다.

휴가 때 가족끼리 여행을 할 때도
'플랜두씨'

가족끼리 여행을 떠나기 전에도 '플랜두씨'를 적용할 수 있다는 사실을 알고 있나요? 우선 가족이 함께 여행을 간다는 플랜(계획)을 세워야 합니다. 학생들은 여름 방학 기간이 긴 편이라 큰 상관이 없겠지만, 엄마와 아빠는 휴가 기간이 언제인지를 고려해서 날짜를 정해야 하지요. 8월 둘째 주로 휴가가 정해져서 3박 4일의 일정으로 여름 휴가를 떠나기로 의견이 모아졌다고 생각해봅시다.

자, 이제 어디로 여행을 가면 좋을지 정하는 순서입니다. 오랜만에 해외로 나가자는 의견도 있고, 제주도에도 다시 한 번 가보고 싶다는 의견도 있고, 다른 지역의 추천 휴가지 중에서 고르자는 의견도 있고, 물놀이를 할 수 있는 곳이면 어디라도 좋다는 의견도 있을 겁니다. 가족들의 의견을 모으고, 경제 사정을 고려한 결과, 제주도로 여름 휴가를 떠나기로 정해졌습니다.

여행의 달인(?)이신 엄마가 비행기 티켓과 렌터카를 금방 예약을 하신 덕분에 추가적인 상의 사항은 확 줄어들었습니다. 이제 잠자는 곳만 해결하면 됩니다. 조용하고 아늑하면서도 바비큐 파티도 할 수 있는 펜션에 대한 의견도 있고, 간단한 음식도 해먹을 수 있는 콘도나 리조트에 대한 의견도 있고, 깔끔한 호텔이 아니면 잠이 오질 않는다는 의견도 있고, 민박집에서 색다른 경험을 해보고 싶다는 의견도 있을 겁니다. 각자 선호하는 숙박 형태를 모두 경험해보자는 차원에서 이틀은 대형 리조트에서 자고, 하루는 민박 느낌의 펜션에서 자는 것으로 의견이 모아졌습니다.

이제 여름 휴가를 떠나야 할 시간입니다. 플랜(계획)을 두(실행)로 옮기게 된 것입니다. 아침 일찍부터 공항으로 이동해 비행기에 몸을 싣고 제주 공항에 내리니 긴장이 풀어져서인지 배가 고파지기 시작했을 겁니다. 그런데 공항식당은 점심시간이라 빈 자리를 찾기 어려울 정도로 만원인 상황이네요. 빨리 맛있는 점심을 먹으려면 어서 빨리 플랜(계획)을 또 세워야겠지요? 이내 두 명은 자리를 잡고, 다른 두 명은 주문을 하기로 하고 메뉴부터 정해야 합니다. 공항식당은 대부분 조리시간이 짧으니 각자 하나씩 정해서 함께 나눠 먹으면 좋겠다고 의견이 모아졌습니다. 비빔밥, 찌개, 돈가스, 우동 등을 시켰고, 10분 정도 기다린 후 음식이 나왔습니다. 두(실행)를 하게 된 것이죠. 허기를 채우기 위해, 그리고 첫날 어디어디를 둘러볼지 얘기하면서 이것저것 먹다보니 어느덧 모든 접시가 비워졌습니다. 이제 식당을 나서서 렌터카 센터로 이동하며 씨(평가)를 할 시간입니다. 비빔밥과 돈가스는 맛있었는데, 찌개와 우동은 별로였다면서 다음에는 찌개와 우동 말고 다른 것을 시켜먹자는 의견이 나왔습니다.

렌터카 센터에 들러서 예약 확인을 하고 렌터카를 인도받고는 첫 번째 여행지로 이동하게 되었습니다. 새로 생긴 제주항공우주박물관부터 가봅시다. 처음에는 잠깐 둘러보고 갈 계획이었는데, 막상 가보니 이것저것 체험할 거리가 많았네요. 그래서 다른 일정을 다음 날로 미루고 충분히 체험하기로 했지요. 체험 시설 중에 특히 인기가 좋았던 것은 비행기 조종 시뮬레이션이었습니다. 공군기를 타고 하늘을 날면서 미사일로 적기를 격추시킬 수 있는 장비였는데, 마치 게임을 하는 것처럼 재미있었습니다. 엄마와 아빠도 덩달아 신이 나서 감탄사를 연발하면서 체험을 즐겼습니다. 3D 영상과 드론 체험까지 했더니 어느덧 폐관시간이 다 되어버렸습니다. 다음에는 좀 더 일찍 와서 충분히 즐겨야겠다고 생각하고 아쉬움을 뒤로 한 채 저녁을 먹으러 이동했습니다. 제주도 주민들 사이에서 입소문이 난 숯불구이 고깃집에서 저녁을 먹고 숙소로 이동했습니다.

첫째 날 숙소인 리조트로 이동했는데, 물놀이 시설을 함께 운영하는 곳이어서 주차장에 차를 댈 곳이 안 보였습니다. 주차 안내 직원에게 문의했더니 숙박을 하는 고객은 지하주차장에 차를 댈 수 있다고 했습니다. 안내에 따라 지하주차장에 들어갔더니 출입구 가까운 곳에는 차를 댈 곳이 없어서 한참 걸어야 하는 구석에 차를 겨우 대고는 짐을 하나씩 들고 안내데스크로 걸어갔습니다. 호텔과 달리 리조트는 안내데스크로 바로 연결되는 엘리베이터가 한 군데밖에 없어서 주차장에서 한참을 걸어야 하는 것이 불편했지요. 더구나 키를 받아서 방에 들어가보니 예상보다 방이 좁아서 두 명씩 나누어서 자기로 했습니다. 첫째 날 일정은 이렇게 마무리 되었답니다.

행복한 여행을 하기 위해서라도 여행계획에 '플랜두씨'를 적용하면 좋답니다. 먼저 계획을 잘 세우고, 계획대로 실행을 하고, 제대로 실행했는지 평가를 해봐야 합니다. 그래야 다음에 좀 더 행복한 여행을 계획할 수 있을 테니까요. 이번에는 '플랜두씨'가 제주도에서 아름다운 꽃을 피운 겁니다.

서점에서 책을 살 때도
'플랜두씨'

많은 학생들이 늘 서점에서 참고서나 문제집만 사느라 읽고 싶은 책을 살 기회가 없었을 겁니다. 그럼 이번에는 서점에서 책을 살 때에도 '플랜두씨'를 어떻게 적용할 수 있는지 살펴보겠습니다.

우선 서점에서 책을 사겠다는 플랜(계획)을 세워야겠죠? 어떤 책이 좋을지 질문을 해야 합니다. 평소 학교 도서실에서 청소년 문학 분야의 책을 많이 읽었다면 이번에는 청소년 비문학 분야의 책을 한번 찾아볼까요? 인터넷에서 ○○문고 매장 안내를 검색해보면 입구를 중심으로 A코너에는 여행, 취미, 스포츠, B코너에는 소설, 시, 에세이, 청소년, 만화, C코너에는 자기계발, 수험서, 경제, 경영, D코너에는 외국어, 사전, 중고생학습, E코너에는 정치, 사회, 예술,

F코너에는 인문, 종교, G코너에는 과학, 건강, 기술공학, 컴퓨터, H코너에는 유아, 어린이, 초등학습 등으로 배치되어있을 겁니다. 그리고 맞은편에는 문구와 음반, 캐릭터 상품 코너가 자리 잡고 있는 것을 확인할 수 있을 겁니다. 문구류와 음반도 잠깐 살펴보고 C코너의 자기계발, E코너의 정치, 사회, G코너의 과학, 기술공학 분야에서 청소년이 읽을 만한 책을 고르면 되겠네요.

다음으로 어떤 서점에서 책을 살지 정해야겠죠? ○○서점은 국내에서 매장 수가 제일 많고 가장 오래전에 생긴 대형 서점, □□서점은 이번에 새로 지은 역사 복합 쇼핑몰에 들어선 또 다른 대형 서점, △△서점은 어릴 때부터 동네에 자리 잡고 있었던 작고 아담한 서점입니다. ○○서점은 책들이 다양하고 풍부하게 갖춰져 있어서 양적인 면에서 만족할 수 있고, □□서점은 카페 같은 디자인과 인테리어 때문에 질적으로 만족할 수 있으며, △△서점은 주인아저씨가 친절하게 안내해줘서 다정다감한 느낌을 받을 수 있습니다. ○○, □□, △△를 저울질해보다가 새로 생긴 □□서점에 대한 호기심이 생겨서 가보기로 합니다. 게다가 □□서점에 가면 책뿐만 아니라 다양한 상품도 만날 수 있으니 좋을 겁니다.

주말에 시간을 내어 서점으로 향합니다. 플랜(계획)을 두(실행)로 옮기게 된 것입니다. 아무래도 새로 생긴 복합 쇼핑몰은 여기저기 둘러볼 것이 많아 시간을 빼앗길 우려가 있으니 조심해야 합니다. 쇼핑몰 구경을 하러 온 것이 아니라는 것을 상기하면서 얼른 서점으로 발걸음을 옮기도록 합시다. 이런 게 바로 자연적 생각기술에 나오는 질문(Ask Question)을 통한 평가(Get feedback)입니다. 만약 '왜 이곳에 왔는지' 생각이 나지 않았다면, 또는 생각은 했더라도 발걸음을 옮기지 못했다면 계획을 실행에 옮기지 못했을 겁니다. 그래서 계획을 실천하는 데 있어서 끊임없는 질문과 평가는 무척이나 중요한 과정입니다.

서점 입구에 들어서니 오른쪽에 있는 문구와 음반, 캐릭터 상품 코너가 눈을 유혹합니다. 쇼핑몰의 여러 상품들에 눈이 팔려서 시간을 보내버리는 실수를 다시 하지 않기 위해 곧바로 서가 쪽으로 향합니다. 이번에도 '내가 문구 코너를 둘러보면 서점에서 책을 사지 못하겠지?'라는 질문이 계획을 실천하는 쪽으로 방향을 틀게 만든 것입니다. C코너의 자기계발, E코너의 정치, 사회, G코너의 과학, 기술공학 서가에서 청소년이 읽을 만한 책을 살펴봤지만 어떤 책이 좋을지 판단하기가 어렵네요. 이럴 때는 매장 직원에게 질문을 하면 됩니다. 자기계발 분야에서 청소년에게 도움이 될 만한 책은 따로 매대를 구성했으니 C-7로 가보라고 안내해줍니다.

일단 표지 제목과 목차를 보고 손에 잡히는 대로 몇 권을 고른 후, 독서용 공간에서 책을 살펴봅니다. 그런데 내용이 너무 재미없어서 실망감이 밀려드네요. 대부분 어른들에게 인기가 있었던 책을 청소년용으로 조금 바꾸었기 때문일 겁니다.

이번에는 G코너의 과학, 기술공학 서가에서 책을 살펴봅니다. 독서토론시간에 선생님이 추천해주신 《재밌어서 밤새 읽는 수학 이야기》라는 책을 한번 찾아보기로 합니다. 직원에게 다시 한 번 도움을 요청해서 교양수학 분야 서가에 꽂혀있던 책을 찾아냅니다. 목차와 머리말을 훑어보니 일상생활에서 수학의 원리를 배울 수 있는 내용으로 채워져있네요. 수학에 재미를 붙이는 데 딱 좋은 책이란 생각이 듭니다.

이제 책을 읽으면서 씨(평가)를 해야 하는 시간입니다. 책을 살펴보니 딱딱한 교과서와는 달리 복사용지, 맨홀뚜껑, 내비게이션, 아이팟, 라디오 주파수 등 일상에서 쉽게 접하는 물건에서 수학적 원리가 어떻게 적용되고 있는지 설명하고 있어서 재미도 있고 유익하네요. 분량도 많지 않아서 단숨에 끝까지 읽을 수 있습니다. 책 표지 안쪽을 보니 '재밌어서 밤새 읽는'이라는 타이틀로 화학, 물리, 지구과학, 생명과학, 인체 등의 시리즈가 소개되어있어서 다른 책들도 읽어야겠다는 생각이 들 정도입니다.

서점에서 책 한 권을 선택할 때도 '플랜두씨'를 적용할 수 있다는 것을 알게 되었습니다. 이번에는 질문도 적절한 타이밍에 잘 던져서 만족스러운 결과를 얻을 수 있었지요. 앞으로도 '플랜두씨'가 행복한 독서를 위한 가이드 역할을 하면 좋겠습니다.

공원에서 농구를 할 때도
'플랜두씨'

시험이 끝나서 모처럼 자유시간을 누리게 되어 친구들과 공원에서 농구를 하기로 했군요. 마침 또래로 보이는 학생들 몇 명이 5 대 5로 팀을 짜서 농구 시합을 하자고 제안을 해오고 있습니다. 이번에는 공원에서 농구를 할 때 '플랜두씨'를 어떻게 적용할 수 있는지 살펴볼까요?

우선 공원에서 농구를 하겠다는 플랜(계획)을 세워야겠죠? 그냥 친구들과 코트 한쪽에서 2 대 2나 3 대 3으로 골 넣기 게임을 하는 것과 달리, 5 대 5로 시합을 하자는 제안을 받고 나니 경기에서 이겨야겠다는 쪽으로 계획이 바뀌었을 겁니다. 일단 5명이 한 팀을 이루어야 하니 포지션을 정해야겠죠? 선생님이 농구에 대해 조금 알고 있으니 알려줄게요. 키가 제일 커서 리바운드를 잘하는 사람에게 센터를 맡기고, 덩치가 크고 힘이 세서 골 밑 몸싸움에 능한 사람에게 파워포워드를 맡기면 되고, 드리블과 어시스트를 잘하는 사람이 포인트가드를 맡고, 패싱도 잘하고 2점 슛도 잘 넣는 사람이 슈팅가드를 맡으면 되고, 자유투와 3점 슛 성공률이 가장 높은 사람이 포워드를 맡으면 됩니다.

다음으로 공격과 수비 전술을 정해야 합니다. 공격 전술에는 '속공법'과 '지공법'이 있지요. 속공법은 상대가 수비 대형을 갖추기 전에 빠른 패스로 공격하는 전술로, 주로 상대팀의 공을 가로채거나 상대팀 슛의 실패로 공을 갖게 되었을 때 사용합니다. 그리고 지공법은 상대가 수비 대형을 갖추었을 때 느린 패스로 템포를 조절하면서 공격하는 전술로, 주로 슛을 확실하게 성공시킬 수 있는 기회를 엿볼 때 사용합니다. 수비 전술에는 '대인 방어'와 '지역 방어'가 있어요. 대인 방어는 상대팀 선수를 1 대 1로 맡아서 수비하는 전술입니다. 때에 따라서는 2명의 수비수가 공을 가진 한 선수를 동시에 수비하기도 해요. 지역 방어는 5명이 골대를 중심으로 지역을 나누어 분담해서 수비하는 전술입니다. 스피드와 기술이 뛰어난 아이들이 많은 것 같으니 공격할 때는 '속공법'을 주로 쓰고, 수비할 때는 '대인 방어'를 하려고 합니다.

포지션과 전술을 정하고서 파이팅을 외친 후에 코트로 향합니다. 이제 플랜(계획)을 두(실행)로 옮기게 된 순간입니다. 처음 10분 정도는 스피드와 개인기를 활용한 공격 전술이 잘 먹혔네요. 패스와 어시스트가 원활히 이루어졌고, 골 밑을 파고드는 전략도 주효해서 높은 2점 슛 성공률로 리드를 해나갔고요. 그런데 상대팀의 골 밑 수비가 강화되면서 자꾸만 골대와 먼 거리에서 슛을 남발하게 되었고, 조금씩 차이가 좁혀지더니 전반전을 마칠 때는 역전을 허용했습니다.

쉬는 시간에 다시 모여서 작전 회의를 합니다. 수비를 할 때는 협력 수비를 강화하고, 공격을 할 때는 확실한 득점을 할 때까지 지공을 하면서 역습을 할 때만 속공을 펼치기로 전술을 바꿉니다. 다시 한 번 파이팅을 외치고 코트로 향했습니다. 질문(Ask Question)을 통한 평가(Get feedback)가 후반전에 어떤 영향을 미칠지 기대가 되는 순간입니다.

작전대로 수비를 강화하면서 지공을 펼쳤더니 점수 차이가 조금씩 좁혀졌습니다. 하지만 상대팀이 공격제한시간에 쫓겨서 던진 3점 슛이 행운의 골로 연결되면서 점수 차이는 더 벌어지고 말았군요. 실망감에 기운이 빠질 때쯤 한 친구가 다시 한 번 힘을 내자면서 파이팅을 외치고 나니 다른 친구들도 그 말에 기운을 내기 시작했습니다. 마침 상대팀의 체력이 갑자기 빠른 속도로 떨어지기 시작했어요. 상대팀 선수들이 지쳐서 제대로 뛰지 못하고, 패스미스와 슛 남발 등 실수가 이어졌네요. 상대팀의 실수를 기회 삼아 침착하게 지공을 펼치면서 득점으로 연결시켰습니다. 자유투도 착실히 성공시켜서 드디어 역전에 성공하게 되었네요. 남은 시간에도 반칙을 유도하면서 자유투로 조금씩 점수차를 벌려서 여유 있게 승리를 거머쥐게 되었습니다.

이제 경기를 마쳤으니 벤치에 모여 앉아서 씨(평가)를 할 시간입니다. 각자의 포지션에서 제 역할에 충실했기 때문에 승리를 거두었다는 의견, 후반전 전술의 변화 때문에 승리했다는 의견, 상대방이 못해서 승리했다는 의견, 후반전에 상대방이 반칙 작전을 너무 심하게 해서 다칠 뻔했으니 다음번에는 주의하자는 의견, 어찌 되었건 열심히 잘 싸워서 승리를 거뒀으니 다행이라는 의견 등이 있었습니다.

이렇게 공원에서 농구를 할 때도 '플랜두씨'를 적용할 수 있습니다. 특히 팀으로 경기를 하는 농구와 축구, 야구, 배구, 아이스하키 등 구기 종목은 경기 전과 경기 중, 경기 후 등 거의 대부분의 시간에 질문과 평가가 이루어집니다. 앞으로 운동 경기를 할 때도 '플랜두씨'를 잘 활용해서 좋은 성과를 거두길 바랍니다.

도서관에서 DVD를 볼 때도
'플랜두씨'

방학에도 며칠씩 열심히 공부하고 나면 스스로에게 보상을 해주고 싶은 생각이 들기 마련입니다. 도서관에서 DVD를 빌려 영화를 보는 것도 괜찮은 방법입니다. 도서관이나 영화관에서 영화를 볼 때 '플랜두씨'가 어떻게 적용될 수 있는지 살펴볼까요?

우선 도서관에서 DVD로 영화를 보겠다는 플랜(계획)을 세워야 합니다. 영화관에 가면 더 좋겠지만 시간을 내어 극장까지 가는 것도 어렵고 청소년이 볼 만한 영화도 없어서 차선책으로 DVD를 빌려 보기로 했습니다. 먼저 어떤 도서관을 선택할지 질문을 던져야 겠죠? A도서관은 규모는 크지만 오래되어 시설이 낡았고, B도서관은 DVD를 볼 수 있는 멀티미디어실은 잘 갖춰져있어서 좋지만 이용하는 사람이 많아서 기다려야 할 수도 있고, C도서관은 대형 TV도 두 대나 설치되어있고 모니터도 많이 갖추고 있는 데다 이용하는 사람도 별로 없습니다. 이렇게 비교를 해보니 거리가 좀 멀긴 해도 C도서관에서 마음 편히 DVD 영화를 감상하는 게 좋겠네요.

다음으로 어떤 영화를 보면 좋을지 질문을 해야겠죠? 인터넷으로 검색을 해보니《영화를 함께 보면 아이의 숨은 마음이 보인다》라는 책에서 청소년용으로 권장하는 영화를 입문용, 초급용, 중급용, 고급용으로 안내하고 있었습니다. 입문용에는 〈라이온 킹〉, 〈벅스 라이프〉, 〈신데렐라〉, 〈아이언 자이언트〉, 〈이웃집 토토로〉, 〈인어공주〉, 〈치킨 런〉, 〈토이 스토리〉, 〈피터 팬〉 등이 있고, 초급용에는 〈CJ7 - 장강7호〉,〈드리머〉, 〈마음이〉, 〈마이티〉, 〈미세스 다웃파이어〉, 〈샬롯의 거미줄〉, 〈소림축구〉, 〈이티〉, 〈인크레더블〉, 〈자투라 - 스페이스 어드벤처〉, 〈잭〉, 〈카〉, 〈폭풍우 치는 밤에〉, 〈프리 윌리〉, 〈프리키 프라이데이〉 등이 있으며, 중급용에는 〈골〉, 〈동감〉, 〈루키〉, 〈맨발의 꿈〉, 〈바이센테니얼 맨〉, 〈브루스 올마이티〉, 〈사랑의 블랙홀〉, 〈스쿨 오브 락〉, 〈안녕 유에프오〉, 〈옥토버 스카이〉, 〈올리버 트위스트〉, 〈워크 투 리멤버〉, 〈쿨러닝〉, 〈트루먼 쇼〉, 〈피아노의 숲〉, 〈해피 피트〉등이 있고, 고급용에는 〈국경의 남쪽〉, 〈굿윌 헌팅〉, 〈레이〉, 〈버킷 리스트〉, 〈비투스〉, 〈빅 피시〉, 〈빌리 엘리어트〉, 〈아름다운 세상을 위하여〉, 〈아이 엠 샘〉, 〈에이 아이〉, 〈인생은 아름다워〉, 〈포레스트 검프〉

등이 있습니다. 일단 꿈을 주제로 한 〈버킷 리스트〉와 〈맨발의 꿈〉을 보기로 결정을 합니다.

　점심을 먹고 도서관으로 향합니다. 플랜(계획)을 두(실행)로 옮기는 시간입니다. 3층의 멀티미디어실에서 DVD 목록을 확인하고 〈버킷 리스트〉를 신청하려는데 벌써 다른 사람이 보고 있네요. 그래서 〈맨발의 꿈〉이라도 보려고 했는데 이번엔 얼마 전에 분실되어서 없다고 합니다. 그럼 혹시 추천할 만한 청소년용 DVD가 있냐고 물어봤더니 〈예스맨〉이란 영화의 순위가 높다면서 추천을 합니다. 가만히 생각해보니 작년에 학교로 강의를 하러 왔던 강사님이 한번 꼭 보라고 추천해주신 영화이기도 합니다.

　영화의 대략적인 줄거리는 이렇습니다. 무조건 'No'를 입에 달고 살아서 'No Man'이라고 불리던 주인공이 하는 일마다 실패를 거듭하게 되자 친구의 권유로 '인생 역전 자립 프로그램'에 참여하게 되었습니다. 그러고는 무조건 'Yes'라고 말하라는 강사의 가르침을 실천했더니 'Yes Man'이 되었고, 물론 그 뒤로 하는 일마다 성공하게 된다는 이야기입니다. 긍정적인 사고가 행운을 부르기 때문에 뭐든지 할 수 있다는 자세로 임하면 성공을 움켜쥘 수 있다는 메시지를 전하는 영화입니다. 데니 월레스의 베스트셀러가 원작이기도 하고, '언젠가 나도 헐리우드 최고의 영화배우가 될 거야'라는 말을 자주 해서 단역 코미디언에서 톱스타가 된 짐 캐리가 자신의 성공

스토리와 비슷하다면서 주연을 맡은 것으로도 유명하죠.

100분 동안 재미있게 영화를 즐겼다면 이제 씨(평가)를 해봐야겠죠? 상큼하고 엉뚱하면서도 박력이 넘치는 배우들의 연기를 보면서 웃음 속에서 재미와 즐거움을 찾을 수 있었고, 인생의 진리를 전하는 교훈적인 메시지를 통해 잔잔한 감동도 느낄 수 있었으니 별점 5개 만점에 5개를 줘도 아깝지 않겠네요. 주인공 칼 역의 짐 캐리에 대한 존재감을 재확인하고, 또 다른 주인공 르니 역의 조이 데샤넬에 대한 새로운 매력을 발견한 것은 보너스라고나 할까요?

이렇게 도서관에서 DVD를 볼 때도 '플랜두씨'를 적용할 수 있습니다. 영화관에서 개봉작을 보면 돈이 들긴 해도 새로운 작품을 볼 수 있다는 장점이 있고, 도서관에서 지난 영화를 DVD로 보면 무료인 데다 많은 사람들에게서 검증받은 작품을 재조명할 수 있다는 장점이 있습니다. 앞으로 DVD를 볼 때도 '플랜두씨'를 잘 활용해서 재미와 감동을 두 배로 만들기를 바랍니다.

놀이공원에서 놀이시설을 이용할 때도
'플랜두씨'

모처럼 찾아온 깜짝 휴일에 친구들과 무엇을 할까 고민하다가 함께 놀이공원에 가기로 했다고 생각해봅시다. 놀이공원에서 놀이시설을 이용할 때에도 '플랜두씨'가 적용될 수 있을까요? 물론입니다.

우선 놀이공원에서 놀이시설을 이용하겠다는 플랜(계획)을 세워야겠죠? 이용요금부터 살펴봐야 할 겁니다. 오전 개장부터 폐장까지 이용할 수 있는 주간권보다 16시부터 폐장까지 이용할 수 있는 야간권이 1만 원 정도 저렴하니 그걸로 끊는 것이 좋겠죠? 마침 용돈을 모아둔 것이 있다면 이럴 때 요긴하게 사용하면 되겠네요.

다음으로 어떤 놀이기구를 탈지 정해야 합니다. 홈페이지에 들어가보니 스릴 매니아를 위한 코스가 안내되어있네요. '허리케인'을 타고 하늘에서 빙글빙글 도는 우주선 체험을 하고, '챔피온쉽 로데오'를 타면서 음악과 함께 회전하는 로데오 체험을 하며, '콜럼버스 대탐험'을 타고 33미터의 높이와 75도 각도에서 떨어지는 아찔한 바이킹을 체험하고, '더블 락스핀'을 타면서 강렬한 리듬의 음악 속에서 360도 연속 3~5회전하는 짜릿한 스릴을 체험하는 코스를 추천합니다.

그리고 '썬더 폴스'를 타고 20미터에서 45도로 떨어지는 슈퍼플룸을 체험하고, 귀여운 전기자동차인 '범퍼카'를 타면서 신나는 레이싱 체험을 하며, '렛츠 트위스트'를 타면서 원심력이 작용하는 회전의자에 앉아서 짜릿한 스릴을 경험하고, '롤링 엑스 트레인'을 타면서 루프 2회전과 콕크스크류 코스, 부메랑 코스를 체험하는 코스도 있네요. 놀이기구를 타다가 배가 고프면 '차이나 문'에서 중화요리로 맛있는 저녁을 먹도록 합시다. 시간이 허락한다면 'T 익스프레스'를 타고 56미터 높이에서 77도로 떨어지는 국내 최초의 스릴우든 코스터를 체험해보는 것도 좋을 겁니다. 백사자, 기린 등 다양한 동물들을 만날 수 있는 생태형 사파리 탐험은 초등학생 때 많이 이용했으니 이번에는 생략하기로 하죠.

놀이공원 가는 날이 되었습니다. 간단히 점심을 먹고 지하철을 타고 약속 장소인 에버랜드역으로 향합니다. 드디어 플랜(계획)을 두(실행)로 옮기게 된 것입니다. 무료 셔틀버스를 이용해 에버랜드에 도착했더니 평일인 데다 날씨가 조금 흐려서인지 사람이 그리 많지는 않네요. 계획했던 대로 다양한 놀이기구를 탈 수 있을 거란 부푼 기대를 안고 매표소에서 이용권을 끊어서 들어갑니다.

스릴 어트랙션이 모여있는 아메리칸 어드벤처에 도착했는데, 놀이기구 앞에 사람들이 길게 줄을 서서 기다리고 있군요. 가을이라 소풍이나 수학여행을 온 형들과 누나들이 많은 모양입니다. 어쩔 수 없이 계획을 수정해야겠다는 생각이 들겠지요? 원래는 허리케인과 챔피온쉽 로데오, 콜럼버스 대탐험, 더블 락스핀, 썬더 폴스, 범퍼카, 렛츠 트위스트, 롤링 엑스 트레인, T익스프레스 등 9개의 놀이기구를 타려는 계획이었는데, 그중 5개를 선택하고 시간에 따라 하나 정도를 더 타는 것으로 수정해야겠습니다.

그럼 우선순위를 정해볼까요? 여러 번 타봤던 것부터 생각해보니 챔피온쉽 로데오와 롤링 엑스 트레인이 빠지게 되었네요. 다음으로 스릴이 덜 느껴지는 것을 생각해보니 범퍼카와 렛츠 트위스트가 빠지게 되었고요. 그렇게 우선순위에 따라 정리해보니 허리케인과 콜럼버스 대탐험, 더블 락스핀, 썬더 폴스, T익스프레스 등 5개가 남았습니다. 그중에서도 이번에 꼭 타야 하는 것을 기준으로 우선순위를 정해보니 1순위 T 익스프레스, 2순위 썬더 폴스, 3순위 콜럼버스 대탐험, 4순위 허리케인, 5순위 더블 락스핀이 되었습니다. 이제 수정계획에 따라 놀이기구를 하나씩 타면 되겠지요?

놀이 공원에서의 즐거운 시간이 끝나고 집으로 돌아가는 시간이 되었습니다. 지하철 안에서는 씨(평가)를 해보면 좋겠네요. T 익스프레스와 썬더폴스, 콜럼버스 대탐험까지는 순조롭게 이용했던 것 같습니다. 그런데 허리케인에 사람들이 갑자기 몰려들어서 많이 기다렸었네요. 그 덕분에 저녁도 대충 때우고 더블 락스핀을 타지 못해 아쉬웠었고요. 다음에는 놀이기구를 하나 더 줄여서 4개를 타는 계획을 세운다면 저녁도 맛있게 먹고, 놀이기구도 여유 있게 즐길 수 있을 겁니다.

이렇게 놀이시설을 이용할 때도 '플랜두씨'를 적용할 수 있습니다. 아무 계획 없이 가서 닥치는 대로 놀이기구 앞에서 순서를 기다리다 보면 몸과 마음이 지치고 피곤해서 놀이기구를 탈 때 즐거움이 덜하게 될 것이고, 입장권도 비싸게 주고 샀는데 괜히 고생만 했다는 생각도 들 겁니다. 앞으로 놀이시설을 이용할 때도 '플랜두씨'를 잘 활용해서 스릴만점의 멋진 체험을 해보길 바랍니다.

결심만 하는 개구리

결심이 아니라 작은 실천이 변화의 시작이다

정범이는 중2입니다. 지난번 시험의 실패를 교훈으로 삼아서 이번 시험에서는 좋은 성적을 거두기 위해 열심히 공부하기로 마음먹었습니다. 그래서 시험기간 한 달 전부터 시험모드로 들어갔습니다. 시험이 4주 앞으로 다가왔지만, 아직 시간이 많이 남았다는 생각에 다음 주부터 시험공부를 시작하자고 마음먹었습니다. 3주를 남긴 시점이 되자 다시 다음 주로 미뤘고, 2주를 남겼을 때에도 다음 주로, 심지어 1주를 남겼을 때에는 시험 전날에 벼락치기를 하기로 마음먹었습니다. 시험 전날에는 책상에 앉아서 공부를 하다가 침대에 누워서 해도 될 것 같아서 자리를 옮겼고, 잠이 오기 시작하자 새벽에 일찍 일어나서 하면 된다는 생각으로 달콤한 잠에 빠져

들고 말았습니다. 결국 아침에 눈을 떠보니 시계바늘은 7시를 훌쩍 넘겼고, 서둘러 학교에 갔지만 결국 시험공부를 하나도 못한 탓에 지난번 시험보다 더 나쁜 성적을 받고 말았습니다. 정범 학생과 같은 패턴으로 시험을 망친 학생들에게 이런 이야기를 들려주고 싶습니다.

모든 동물들이 평화롭고 행복하게 살고 있는 숲속에 아주 아름다운 연못이 있었다. 연못은 동물들에게 삶의 터전이 되어주었다. 소금쟁이는 수면을 발로 차면서 물 위를 사뿐사뿐 이동했고, 오리들은 수면과 물속을 오가며 열심히 먹이를 잡고 있었고, 잉어, 붕어, 메기, 송사리 들은 물속을 자유롭게 헤엄치며 돌아다녔고, 장구애비, 게아재비, 송장헤엄치개, 물방개애벌레, 잠자리애벌레 등도 작은 생물들을 사냥하기에 바빴다. 가끔씩 사슴이나 토끼가 와서 물을 먹고 가기도 했다. 연못 가운데에 비쭉 솟은 작은 바위는 개구리들의 놀이터가 되어주었다.

어느 날 바위 위에서 7마리의 개구리가 한가롭게 놀고 있었다. 그중에 대장 개구리가 연못에 뛰어들기로 결심했다.

"언제까지 바위 위에서만 지낼 수는 없다. 연못 밖으로 나가보리라~!"

대장개구리는 결심을 하고 연못 밖으로 나갈 수 있는 방법을 열심히 궁리했다. 그리고 아무리 위험한 순간이 닥쳐도 두려움 없이 뛰어들기로 결심하고 또 결심했다. 그런데 시간이 지나 3개월째가 되어도 계속 결심만 하고 있었다. 대장개구리는 결국 어떻게 되었을까?

'근처에 있던 뱀에게 잡아 먹혔다.'
'부하개구리가 밀어서 물에 빠졌다.'

여러 가지 생각을 해볼 수 있지만 진짜 비하인드 스토리는 이렇다. 개구리가 뛰려면 다리를 움츠려야 한다. 그런데 3개월 동안 계속 움츠리고 있다 보니 대장개구리는 무릎에 관절염이 걸렸다. 결국 무릎이 펴지지 않아서 뛰어들지 못했다는 안타까운 사연이 전해져 내려온다.

주변을 보면 대장개구리처럼 마음과 생각만 앞설 뿐, 실천하기를 주저하는 사람들이 많습니다. 결심만 하면 모든 것이 잘 될 거라 착각하지만 실천하지 않으면 아무 일도 일어나지 않죠. '결심'하는 것과 '실천'하는 것은 전혀 다른 차원의 문제이기 때문입니다.

결심이 실천으로 이어지려면 먼저 결단(決斷, 결정적인 판단을 하거나 단정을 내림)을 하는 것이 좋습니다. 뭔가 하고 싶은 마음이 생겼을 때는 결단의 과정을 거쳐서 작은 것이라도 실천하는 것이 중요합니다. 그래야 변화가 시작되는 것이죠. 결심만 하는 개구리가 아니라 실천하는 개구리 같은 사람이 되어야 합니다.

이 이야기를 강의 중에 했더니 어떤 엄마가 강의가 끝나고 집에 가면서 초등학생 자녀에게 이렇게 문자를 보냈다고 하네요.

"○○이는 결심만 하는 개구리~"

그랬더니 바로 이런 답문자가 왔다고 합니다.

"엄마는 아무 것도 안 하는 올챙이~" (^^;)

아자!

쁠렌두씨가
꽃을 피우게
만들어라

학습 동기부여를 위한
'플랜두씨'

    공부를 잘하기 위해 가장 필요한 것이 무엇이냐고 물어보면 대부분 '학습 동기부여'라고 말합니다. 학습 동기부여란 쉽게 말해 학생 스스로 공부하고 싶은 마음이 생기게 만드는 것이죠. 학습 동기부여가 부족하면 하기 싫은 공부를 억지로 해야 하기 때문에 짜증과 스트레스만 커지고 학습효과는 떨어질 수밖에 없습니다. 이런 모습을 옆에서 지켜보는 부모님과 선생님은 안타까운 마음에 한마디씩 하지만 학생들은 그런 말을 잔소리로 여기기 마련입니다. 그러면 어떻게 해야 학습 동기부여가 잘 될 수 있는지 '플랜두씨'를 통해 살펴보겠습니다.

    우선 스스로 공부하고 싶은 마음이 들게 하겠다는 플랜(계획)을 세워야겠죠? 그럼 학습 동기부여에 도움이 되는 방법으로는 어떤 것이 있는지 살펴봐야 합니다. 공부에 대한 긍정적인 생각을 하고, 공부에 대해 많이 알아야 하며, 적절한 보상을 하고, 맞춤식 학습도구를 활용하며, 논리적인 설득을 하거나 공신들의 스토리로 감동을 받고, 명확한 꿈과 목표가 있으면 무엇보다 효과적입니다. 이제 이런 방법들을 하나씩 두(실행)하면서 어떤 것이 자신에게 잘 맞는지 알아봐야 합니다.

많은 학생들이 공부에 대해 긍정적으로 생각하려고 노력하지만 부모님과 선생님, 친구들에게서 너무나 많은 부정적인 정보들을 접하기 때문에 쉽지 않은 것이 사실입니다. 또 공부에 대해 다양한 방법들을 알아보기 위해 시도해보지만 국·영·수·사·과 공부를 하기에도 부족한 시간 때문에 공부법은 그림의 떡처럼 보일 겁니다. 적절한 보상에 대해서도 생각해볼 필요가 있습니다. 보상에는 정신적 보상과 물질적 보상이 있습니다. 많은 학생들이 용돈이나 선물, 간식 등의 물질적 보상과 칭찬과 격려 등의 정신적 보상에 익숙해져있으니 이해하기 쉬울 것 같네요. 다만 물질적·정신적 보상은 누군가로부터 받아야 하는 것이므로 자칫 의존성이 생기기 쉽습니다. 따라서 공부하는 과정에서 만족감과 성취감, 자신감을 맛보면서 스스로 정신적 보상을 강화할 수 있도록 노력하는 것이 좋습니다.

맞춤식 학습도구를 활용하는 방법도 있지만 자신에게 맞는 도구를 찾는 것이 쉽지 않습니다. 또 공부를 해야만 하는 논리적인 설득보다는 스토리를 통해 감동을 받는 것이 더욱 도움이 됩니다. 물론 그런 스토리를 접하기에는 현실적인 어려움이 있겠지요. 꿈과 목표를 명확하게 정하는 것도 도움이 될 겁니다. 이렇게 '학습 동기부여'에 도움이 되는 방법들을 하나씩 실천하다 보면 어떤 것이 자신에게 잘 맞고 어떤 것이 잘 맞지 않는지 알게 됩니다. 결국 공부를 하는 과정에서 작은 성공의 경험을 할 때마다 스스로 '파이팅!'을 외치면서 정신적 보상을 해주는 것으로 '자신만의 학습 동기부여방법'을 찾을 수 있습니다.

'자신만의 학습 동기부여'를 할 수 있는 간단한 방법이 있습니다. 어려운 문제를 풀었을 때 그냥 덤덤하게 지나가지 말고 '이렇게 어려운 문제를 풀었다니 대단한 걸?'이라고 스스로를 대견스럽게 생각하면 됩니다. 또 새로운 걸 알게 되었을 때도 예전에는 별다른 느낌이 없었지만 이제는 '우와~ 이런 것도 있었구나! 신천지를 본 것 같은데?'라고 생각하면서 감탄하세요. 성적이 올랐을 때도 부모님과 선생님이 칭찬해주기 전에 먼저 자신에게 '○○야~ 이번에 성적 올리느라 수고 많았다!'라고 칭찬을 해주세요.

이제 정신적 보상을 주는 것이 '학습 동기부여'에 얼마나 도움이 되는지 씨(평가)를 해볼 차례입니다. 기대 이상으로 큰 효과가 있다고 생각할 수도 있고, 기대는 컸지만 별로 효과가 없었다고 생각할 수도 있으며, 아직까지 어떤 효과가 있는지 잘 모르겠다는 생각이 들 수도 있고, 다른 학습 동기부여방법으로 바꿔야겠다는 생각이 들 수도 있습니다. 효과에 대한 긍정적인 생각이 들었다면 계속 정신적 보상을 활용하면 되고, 부정적인 생각이 들었다면 다른 방법으로 바꾸세요. 이렇게 '학습 동기부여'에 초점을 맞추고 실행과 평가를 계속하다 보면 스스로 공부하고 싶은 마음이 샘솟게 될 거라 믿습니다. '플랜두씨'가 학습 동기부여의 꽃을 활짝 피우길 기대합니다.

효율적인 시간 관리를 위한
'플랜두씨'

다음의 힌트에 공통으로 해당되는 것이 무엇인지 맞춰보세요. "나는 누구의 사정도 봐주지 않아요", "나는 투명인간이에요", "나를 모아놓거나 빌려올 수 없어요", "나는 저절로 없어져버려요", "나는 누구에게나 공평해요", "나에게는 무엇이든 변하게 하는 힘이 있어요", "나를 절대로 훔칠 수 없어요", "나는 주인에 따라 가격이 달라져요", "나는 아무리 많은 돈을 주어도 살 수 없어요", "나는 언제나 같은 속도로 움직이지요" 정답은 바로 '시간'입니다. 누구나 잘하고 싶지만 아무나 잘 하지 못하는 것이 시간 관리이기도 합니다. 그럼 어떻게 하면 효율적인 시간 관리를 할 수 있는지 '플랜두씨'를 통해 살펴보겠습니다.

우선 시간 관리를 잘하겠다는 플랜(계획)을 세워야겠죠? 시간 관리에 도움이 되는 방법으로 어떤 것이 있는지 알려줄게요. 하루를 단순하게 2~3등분으로 나누기보다는 시간이나 분, 초 단위로 잘게 나눌 필요가 있습니다. 또 시간 사용 패턴을 분석하면서 하루 일과를 살펴봐야 합니다. 시간을 통장계좌처럼 관리하는 시간계좌전략, 자투리 시간 활용법, 해야 할 일을 긴급함과 중요함을 기준으로 4영역으로 나누는 시간 관리 매트릭스전략 등을 활용하는 것이 좋습니다. 이제 이런 방법들을 하나씩 두(실행)하면서 어떤 것이 자신에게 잘 맞는지 알아봐야 하겠죠?

여러분은 하루를 나눌 때 잠을 기준으로 밤과 낮으로 나누나요? 아니면 식사를 기준으로 아침, 점심, 저녁 등으로 나누나요? 선생님은 시간을 효율적으로 나눌 수 있는 기준으로 24시간을 염두에 두는 것을 무엇보다 강조합니다. 시간 관리를 잘하려면 24시간을 '1,440분'이나 '86,400초'로 바꾸어서 분초 단위로 살아야 합니다. 물론 매우 어려운 일이지요. 하지만 시간 사용의 패턴을 분석하려면 최소 3일에서 7일 정도는 메모지를 갖고 다니면서 하루 동안에 어떤 일들을 하면서 시간을 보내는지 파악해야 합니다.

'시간은 돈이다'라는 말은 들어봤을 테지요? 그렇다고 진짜로 시간을 돈처럼 계산하거나 하는 꼼꼼한 성격은 아니어서 벌써부터 머리가 아프다고 생각하는 학생들이 있을 겁니다. 그래도 시간을 잘 관리하려면 하루 평균 자투리시간이라고 하는 3시간 중에서 30분이라도 확보하는 것이 좋습니다. 쉬는 시간과 점심시간 중에 10분씩 3회를 확보해도 되고, 등하교시간 1시간 중에 1회만 확보해도 좋습니다.

시간 관리 매트릭스전략을 알아볼까요? 우선, 해야 할 일을 긴급하고도 중요한 일, 긴급하진 않지만 중요한 일, 긴급하지만 중요하지는 않은 일, 긴급하지도 중요하지도 않은 일 등의 4영역으로 나누어서 우선순위에 따라 할 일을 선택하는 것입니다. 이 중에서 가장 먼저 해야 할 일은 긴급하고도 중요한 일이 아니라, 긴급하진 않지만 중요한 일을 최우선으로 선택하는 겁니다. 너무 복잡해 보인다고요? 그렇다면 자투리시간을 최대한 활용해서 자기주도학습시간을 확보하는 것으로 '자신만의 시간 관리방법'을 정하면 됩니다.

혹시 여러분은 학교와 집을 오가면서 웹툰이나 유투브 동영상을 보며 시간을 보내지 않나요? 그렇다면 이제는 공부법 관련 동영상을 보거나 영어 듣기용 지문을 들어보길 권합니다. 쉬는 시간에도 화장실을 가거나 친구들과 수다를 떨거나 장난을 치면서 아무 의미 없이 보냈다면 이제는 5분 정도 자리에 앉아서 지난 시간에 배웠던 내용 중에서 중요한 핵심 내용을 한번 머릿속으로 떠올려보고 나서 휴식을 취해보세요. 점심시간에 급식대 앞에서 그냥 기다리지 말고 포켓용 영어단어장을 손에 들고 한 단어라도 외워보도록 하세요.

이제 자투리시간을 활용하는 것이 '시간 관리'에 얼마나 도움이 되는지 씨(평가)를 해볼 시간입니다. 일단 학교에 오면 친구들과의 관계도 중요하고, 자꾸 친구들이 함께 놀자고 방해를 하기 때문에 쉬는 시간이나 점심시간을 활용해서 자투리공부를 하는 것은 쉽지 않다고 판단될 겁니다. 그러면 친구들의 방해를 받지 않는 등하교시간을 최대한 활용하는 것으로 바꿔보면 어떨까요? 등교할 때는 영어 듣기를 하고, 하교할 때는 영어단어를 외우거나 수업시간에 배운 것을 복습해보면 좋겠네요. 만약 등하교시간에도 친구들이 방해를 한다면 혼자 등하교할 수 있는 방법을 찾아보거나 등하교시간 대를 바꾸거나 이동수단을 바꾸는 것을 생각해볼 수 있습니다. 이렇게 '시간 관리'에 초점을 맞추고 실행과 평가를 계속해 나가다 보면 자기주도학습시간도 늘어나고 시간 투자 대비 효율성도 높아질 거라 믿습니다. '플랜두씨'가 시간 관리의 꽃을 활짝 피우길 기대합니다.

공부한 만큼 시험성적을 거두기 위한
'플랜두씨'

'시험'이라는 단어만 봐도 머리가 지끈거리거나 닭살이 돋는 학생이 있습니다. 만약 그렇지 않다면 시험 울렁증의 단계까지는 가지 않은 것이니 다행입니다. 공부를 잘하든 못하든 시험을 잘 보고 싶은 마음은 모든 학생들이 가지고 있을 겁니다. 시험공부를 제대로 하지 않았다면 기대를 하지 않겠지만 밤잠을 아껴가며 열심히 했는데도 성적이 나쁘다면 실망감이 더 클 겁니다. 어떻게 하면 공부한 만큼 성적을 받을 수 있는지 '플랜두씨'로 살펴보겠습니다.

우선 시험에서 좋은 성적을 거두겠다는 플랜(계획)을 세워야 합니다. 그럼 시험의 기술에는 어떤 것이 있는지 살펴볼까요? 우선, 시험은 시간과 공간의 제약조건이 있다는 특성 때문에 기술과 스킬, 요령, 노하우가 중요하다는 것을 알아야 합니다. 또 제한시간 안에 정확하게 문제를 풀 수 있을 정도로 완벽하게 이해암기를 해야 하겠죠. 평소 시험환경과 비슷한 조건에서 적응훈련을 많이 해야 하고, 시험을 출제하는 선생님의 성향과 문제 스타일을 철저히 파악해야 하며, 시험은 '범위 내에서 모르는 것을 줄여나가는 것'이라는 점을 명심해야 하고, 시험 한 달 전부터 시험 보기 직전까지 활용하는 'D-30 시험전략'을 알아야 하며, 시험 전날부터 시험이 끝날 때까지 활용하는 '시험장 필살기'도 알아야 합니다. 이제 이런 방법들을 하나씩 두(실행)하면서 어떤 것이 자신에게 잘 맞는지 알아보도록 합시다.

평소에 열심히 공부했지만 그에 비례해서 성적이 나오지 않은 경우가 있었을 겁니다. 그 이유는 시간과 공간의 특성에 따라 시험을 보는 요령과 기술이 필요하다는 것을 몰랐기 때문입니다. 앞으로 시험 기간에는 스톱워치를 활용해 시간을 체크하면서 제한시간 안에 완벽하게 문제 푸는 연습을 많이 해야 한다는 걸 꼭 기억해두세요. 또 아직까지는 시험을 분석하고, 시험범위 내에서 모르는 것을 줄여나가는 것에 대해 익숙하지 않을 겁니다. 'D-30 시험전략'과 '시험장 필살기'도 생소한 것이라서 바로 실행하기는 어려울 수 있습니다. 가장 쉽게 실천할 수 있는 스톱워치를 활용한 시험환경 적응훈련 같은 '자신만의 시험의 기술'부터 시작해보세요.

이제 시험환경 적응훈련을 하는 것이 '시험성적 향상'에 얼마나 도움이 되는지 씨(평가)를 해볼 시간입니다. 시험기간에 스톱워치를 사용해서 시간을 체크하면서 공부해보니 의외로 시간이 신경 쓰여서 공부에 집중하기가 어려웠을 겁니다. 그러면 교과서나 참고서를 볼 때는 스톱워치를 사용하지 말고, 문제집을 풀 때만 스톱워치를 사용하기로 해보세요. 그리고 시험기간에 스톱워치로 시험환경 적응훈련을 열심히 했더라도 실제 시험장에서 시간 안배에 실패하면 별로 효과가 없다는 것을 느낄 수 있습니다. 그렇다면 다음 시험에서는 '시험장 필살기'를 활용해서 문제의 난이도를 파악한 후에 '쉬운 문제 → 보통 문제 → 어려운 문제'의 순서로 시간 안배를 하면서 시험을 보겠다고 생각하면 됩니다.

무엇보다 시험에 대한 부담감을 줄이고 자신감을 키우려면 게임을 한다고 생각하면 좋습니다. 시험출제자는 적의 수장이고, 시험문제는 적군이라고 생각하는 것이죠. 적군을 물리치려면 연필과 지우개라는 아이템이 필요하고, 교과서와 노트, 참고서, 문제집이라는 비밀병기도 필요합니다. 그리고 문제해결력이라는 공격술과 방어술도 필요하겠죠? 공격과 방어를 잘하려면 충분한 연습을 해야 합니다. 성적 향상이라는 승리를 맛보기 위해서는 열심히 책을 읽고 문제집을 풀어야 합니다. 시험의 시작종이 울리면 본격적인 전투가 시작됩니다. 먼저 적군의 위치와 상황을 전체적으로 파악하면서 문제에 숨어있는 '않는', '없는', '아닌', '모두', '하나만', '2개를' 등의 지뢰들을 연필 탐사기로 제거하는 것이죠. 이렇게 시험을 게임처럼 생각하면 시험장이 PC방처럼 즐거운 놀이터가 될 수 있을 겁니다.

그리고 시험을 잘 보려면 컨디션 조절도 중요합니다. 평소에 열심히 공부했더라도 시험 보는 날 두통이나 복통, 몸살, 감기 때문에 시험을 망치는 경우가 종종 있습니다. 프로 골프선수들은 우승한 횟수가 아니라 Top 10에 진입한 횟수로 실력에 대한 평가를 받습니다. 즉, 환경이나 조건에 영향을 받지 않고 얼마나 꾸준히 상위권의 성적을 낼 수 있느냐가 진정한 프로의 실력인 것이지요. 시험도 비슷해서 탄탄한 기본기와 충분한 연습, 실전 시뮬레이션을 통해 철저한 준비를 함으로써 당일 컨디션에 따라 언제든 합격과 좋은 성적을 낼 수 있도록 조건을 갖추어야 합니다. 언제 어디서나 어떤 시험을 보든 좋은 성적을 기대할 수 있어야 진정한 시험의 달인이라고 할 수 있겠죠?

이렇게 '시험성적 향상'에 초점을 맞추고 실행과 평가를 계속해 나가다 보면 시험의 기술이 날로 좋아질 거라 믿습니다. '플랜두씨'가 시험지 위에 만점의 꽃을 활짝 피우길 기대합니다.

암기력 향상을 위한
'플랜두씨'

시험을 못 봤다는 것은 암기에 실패했다는 말로 바꿀 수 있을 정도로 시험에서 암기는 중요합니다. 그런데 평소에 학생들이 암기하는 모습을 보면, 노트를 쨰려보거나 천장을 쳐다보면서 중얼거리는 모습이 마치 닭이 물을 마시는 모습과 비슷해서 웃음이 나곤 합니다. 영어단어를 외울 때도 빡빡이를 하다가 종이에 구멍이라도 생기면 마음도 뻥 뚫리는 느낌이 들 겁니다. 하지만 이렇게 단순하고 무식한 '단무지' 같은 방법 말고 좀 더 쉽고 간단하면서도 효과적인 암기 방법이 있답니다. 어떻게 하면 암기력을 향상시킬 수 있는지 '플랜두씨'로 살펴보겠습니다.

우선 암기를 잘하겠다는 플랜(계획)을 세워야겠죠? 암기력을 높일 수 있는 방법으로 어떤 것이 있는지 살펴봅시다. 우리 뇌의 좌뇌는 텍스트 정보를 좋아하고, 우뇌는 이미지와 영상 정보를 좋아한다고 알려져있습니다. 또 기억의 확률을 높이기 위해서는 오감을 활용해야 하며, 결합법과 변환법, 약어법, 약문법, 운율법 등 기초 암기법을 알아야 합니다. 좌뇌와 우뇌의 암기력 향상을 위해서 학습 내용을 조직화시켜야 하며, 방송에 소개되었던 암기의 달인들을 따라해봐야 하고, 포스트잇이나 보이스레코드, 암기카드 등 암기의 효과를 높이는 학습도구도 적절히 활용해야 합니다. 이제 이런 방법들을 하나씩 두(실행)하면서 어떤 것이 자신에게 잘 맞는지 알아봐야 하겠죠?

좌뇌와 우뇌가 좋아하는 영역이 다르다는 것은 알게 되었지만 공부에 적용하는 방법에 대해선 정확한 방법을 찾기가 어려울 것 같고, 기억의 확률을 높이기 위해 오감을 활용하면 좋다고 하는데 여러 가지 감각을 활용한다는 것이 말처럼 쉽지 않아 보일 겁니다. 또 기초 암기법도 예시를 보면 이해가 되지만, 막상 실제로 공부하는 내용에 적용할 수 있는지는 감이 잡히지 않는 것 같습니다. 암기력 향상을 위해서 학습 내용을 조직화시키는 것도 너무 어렵게 보이죠.

그런데 방송에 소개되었던 암기의 달인들을 따라하는 것은 가능한 것 같아 조금 희망이 보이는 것 같습니다. 역사를 드라마 대본처럼 외우는 방법과 화학을 암기송으로 만들어서 외우는 방법, 트럼프카드를 숫자와 이미지로 연결된 영상으로 외우는 방법이 있었습니다. 그중에서 암기송을 선택하기로 합시다. 평소 노래 부르기를 좋아하고, 또 가사를 재미있게 바꾸어 부르는 데 재능이 있다면 더욱 도움이 될 겁니다. 결국 암기송을 만드는 것을 '자신만의 암기력 향상법'으로 활용하기로 마음 먹습니다.

이제 암기송이 '암기'에 얼마나 도움이 되는지 씨(평가)를 해봐야 할 시간입니다. 처음에는 너무 의욕이 앞서서 암기할 내용을 모두 랩으로 만들어서 라임까지 맞춰보려고 하겠지만, 말처럼 쉽지 않을 겁니다. 댄스나 발라드 음악에 맞춰서 가사를 바꿔보려고 해도 가사가 너무 길어서 중간에 끊겨버리니 재미가 없을 수 있습니다. 그러다 쉽고 간단한 동요에 맞춰서 암기송을 만들어보니 몇 곡을 만들 수 있었습니다. 친구들에게 시험 삼아 들려줬더니 몇 번만 흥얼거려도 암기가 잘 된다면서 인기 폭발입니다. 암기송이 이정도의 폭발적인 반응을 불러일으킬 줄은 미처 몰랐습니다. 어쨌든 암기송을 만들면서 내 공부도 되고, 친구들이 따라 부르면서 다른 아이들의 공부도 도와주게 되니 무척 유익한 방법인 것 같습니다.

동요 암기송에 대한 자신감을 바탕으로 다음에는 암기송을 적용하기 어려웠던 댄스나 발라드 음악으로 암기송을 만들어봐야겠다는 생각도 할 수 있겠네요. 나중에는 랩 암기송까지도 도전할 수 있을 겁니다. 여차 하면 시나리오까지 만들어서 한 편의 뮤지컬을 탄생시킬지도 모를 일이고요.

이렇게 '암기'에 초점을 맞추고 실행과 평가를 계속해나가다 보면 공부한 내용이 머릿속에 쏙쏙 박혀서 시험성적도 쑥쑥 오르게 될 거라 믿습니다. '플랜두씨'가 머리 위에서 암기의 꽃을 활짝 피우길 기대합니다.

집중력 향상을 위한
'플랜두씨'

집중력이란 마음이나 정신을 한곳으로 모으는 능력을 말합니다. 무슨 일이든 집중을 잘해야 성과가 나듯이 공부를 할 때도 집중력이 중요하답니다. 그런데 학생들은 2가지 유형으로 나뉩니다. 공부를 포함해 어떤 것에도 집중하지 못하는 학생들이 있고, 자기가 좋아하는 것을 할 때는 초집중을 하면서도 공부할 때만 집중하지 못하는 학생들도 있습니다. 보통은 후자에 해당하는 학생이 많은 편이죠. 바로 자신이 가진 집중력을 공부로 옮겨오는 방법을 모르기 때문입니다. 어떻게 하면 집중을 잘 할 수 있는지 '플랜두씨'로 살펴보겠습니다.

우선 집중을 잘 하겠다는 플랜(계획)을 세워야 합니다. 집중력 향상에 도움이 되는 방법으로는 어떤 것이 있는지 살펴볼까요? 심호흡이나 명상, 클래식 음악, 스트레칭, 샤워 등 자신만의 특별한 의식이 있어야 하고, 시각적·청각적·물리적·심리적 방해요인을 제거해야 하며, 책상에 바른 자세로 앉아서 호흡을 조절하는 '만점자세'를 취해야 하고, 종이에 검은 점을 그리고 뚫어져라 쳐다보는 '한 점 응시'를 활용하면 좋으며, 제한시간 내에 특정 글자를 빠르게 찾는 방식으로 '특정 글자 찾기'를 해도 좋고, 집중력을 계속 유지하기가 어렵다면 15~20분 단위로 끊어서 공부하는 '분산학습'을 활용해도 좋습니다. 그럼 이제 이런 방법들을 하나씩 두(실행)하면서 어떤 것이 자신에게 잘 맞는지 알아봐야 하겠죠?

평소 집중력이 떨어져서 공부가 잘되지 않을 때가 있지요? 그럴 때 잠시 산책을 하면서 맑은 공기를 충분히 들이마셨더니 집중이 잘되곤 한다면 그것이 바로 자신만의 특별한 의식인 셈입니다. 만약 집중력에 방해가 되는 사진이나 자료, 소리, 냄새, 책상, 의자 등을 자신이 확실하게 제거하기 어려운 환경이라면 다른 방법을 찾는 것이 좋겠네요. 아마도 책상에 바른 자세로 앉아서 코로 3초간 숨을 들이마시고 2초간 멈추었다가 15초 동안 입으로 천천히 내뱉는 '만점자세'는 어렵지 않으니, 효과도 쉽게 확인할 수 있을 겁니다. '한 점 응시'나 '특정 글자 찾기'는 너무 쉽고 간단한 방법이라 집중력에 도움이 될지 직접 활용해보지 않고서는 모를 수 있습니다. 끊어서 공부하는 '분산학습'도 끊어야 하는 시점이 언제인지 정확하게 파악하기 어려울 수 있고요. 결국 '만점자세'를 '자신만의 집중력 향상법'으로 활용하기로 결정합니다.

이제 만점자세를 활용하는 것이 집중력에 얼마나 도움이 되는지 씨(평가)를 해봐야 할 시간입니다. 엉덩이와 허리를 의자등받이에 붙였더니 자세가 바르게 고쳐지는 것을 느낄 수 있을 겁니다. 평소에 얼마나 삐딱한 자세로 앉아있었는지 확인할 수 있습니다. 그런데 그 자세를 계속 유지하는 것이 생각처럼 쉽지 않습니다. 또 코로 숨을 들이마시고 입으로 천천히 내뱉으면서 명상을 하듯이 눈까지 감으면 훨씬 더 몸과 마음이 편안해지는 것을 느낄 수 있습니다. 단전호흡을 할 때처럼 혀를 입 천장에 붙이면 더 효과가 크다고 해서 한번 따라해봤는데, 혀를 붙이는 데 신경을 쓰느라 오히려 집중력이 분산되는 것 같아서 적용하지 않기로 했습니다.

처음에는 의욕이 너무 앞서서 매 교시 쉬는 시간에 다음 수업이 시작되기 전에 잠깐 '만점자세'를 활용했는데, 옆에서 친구들이 떠들고 장난을 치는 바람에 집중이 잘 안 되었습니다. 그래서 아침에 등교해서 1교시 수업에 들어가기 전에만 조금 길게 '만점자세'를 활용하는 것으로 바꾸었더니 오전까지 효과가 있었습니다. 점심을 먹고 나서 오후 수업에 들어가기 전에 '만점자세'를 한 번 더 활용하면 수업을 마칠 때까지 집중력을 유지할 수 있을 거란 생각이 들었습니다. 방과후에 집이나 독서실에서 공부할 때도 '만점자세'를 취하고 나서 공부를 시작하면 집중이 잘 될 거란 생각도 들었습니다.

만점자세를 활용하더라도 공부하는 중간에 잡생각이 들어서 집중력이 떨어지는 현상이 있었습니다. 그럴 때는 세계적인 섹스폰 연주자 케니지의 이야기를 떠올려보기 바랍니다. 케니지는 몇 분이상 쉬지 않고 연속으로 소리를 내는 특기를 갖고 있는데, 그 비결은 소리를 내면서 코로 계속 숨을 쉬는 방법을 터득했기 때문이라고 합니다. 한 번의 호흡이 긴 것이 아니라 호흡을 이어가는 노하우가 있었던 것이지요. 집중력도 마찬가지랍니다. 잡생각이 날 때마다 다시 공부로 돌아오는 방법을 터득하면 누구나 집중하는 시간을 길게 만들 수 있답니다.

이렇게 '집중력'에 초점을 맞추고 실행과 평가를 계속해나가다 보면 학습효과가 두 배 이상 높아질 거라 믿습니다. '플랜두씨'가 집중의 꽃을 활짝 피우길 기대합니다.

날 수 없었던 호박벌 이야기

포기하지 말고 꾸준하게 목적과 희망을 가지자

고등학교 진로캠프 중에 있었던 일입니다. 꿈과 목표, 진로에 대해서 얘기를 나누던 중에 고2 승헌이가 입을 열었습니다.

"선생님, 저는 원래 어릴 때부터 꿈이 선생님이 되는 것이었어요. 근데 지금은 포기했어요. 그냥 성적 나오는 대로 전공 맞춰서 가려고요"

고등학교 2학년이 현재 내신으로는 교대나 사범대를 지원할 수 없다는 생각에 진로에 대한 고민을 하고 있었던 것입니다.

"정말 선생님이 되고 싶어? 가르치는 일에 흥미가 있니?"

"네, 저는 가르치는 게 정말 재밌고 좋아요. 지역아동센터에서 학습지도 멘토로 봉사도 했고요. 친구들이 물어도 잘 가르쳐주는

데, 친구들이 무척 좋아해요"

"그럼, 선생님이라는 꿈을 버리지 않았으면 좋겠어. 그런데 이 세상에 가르치는 일을 하는 사람들이 모두 사범대나 교육대를 나왔을까? 아니지? 선생님도 마찬가지야. 대학에서는 전공을 법학으로 했어. 근데 지금 이렇게 가르치는 일을 하고 있잖아. 사범대나 교육대를 나오지 않더라도 네가 원하는 분야에 대해 정말 열심히 공부하고 연구하면 충분히 가르치는 일을 하면서 살 수 있을 거야. 가르친다는 꿈을 지금 단지 성적이 좋지 않다는 이유만으로 포기하지 않았으면 좋겠어."

승헌이에게 들려주고 싶은 이야기가 있습니다.

호박벌은 온대지방에 사는 꿀벌과의 벌이다. 온몸이 노란색 털로 덮여있고, 배가 불룩하게 나와서 못생겼다는 느낌을 준다. 하지만 호박벌은 세상에서 가장 부지런한 벌로 알려져있다. 벌 중에서도 가장 일찍 일어나고, 늦게 잠자리에 들며, 꿀을 따 모으기 위해 아침부터 저녁까지 하루에 200킬로미터 이상을 날아다닌다고 한다. 크기가 보통 2센티미터 정도니까 숫자로 가늠하기 힘든 거리를 날아다니는 셈이다.

더욱 놀라운 사실은 호박벌이 사실상 날 수 없는 구조를 갖고 태어났다는 점이다. 날개는 작고 가벼운 데 반해 몸은 너무 크고 뚱

뚱해서 이론상으로는 몸을 띄울 수 있는 양력을 만들어내는 것이 불가능하다. 날기는커녕 공중에 떠있는 것 자체가 기적에 가까운 것이라고 과학자들은 말한다.

그런데 호박벌이 어떻게 그런 엄청난 거리를 날아다닐 수 있는 걸까? 불가능을 가능으로 바꾼 비결은 바로 자신이 날 수 없게 창조되었다는 사실을 전혀 모른다는 것이다. 호박벌은 태어나자마자 하늘을 나는 다른 벌들을 보고 자신도 날갯짓을 해본다. 평범한 날갯짓으로 날아오를 수 없으면 더 빨리 날갯짓을 해본다. 그렇게 수도 없이 날갯짓을 하다보니 날갯죽지 안쪽에 튼튼한 근육이 생기게 되어서 작은 벌들보다 더 많은 날갯짓을 할 수 있게 된다. 그래서 호박벌은 하늘로 날아올라 열심히 꿀을 따 모을 수 있게 되는 것이다.

호박벌은 자신이 날 수 있는지 없는지 따위에는 관심이 없다. 오로지 꿀을 따 모으겠다는 목적과 희망만 가지고 있을 뿐이다. 목적을 달성하기 위해서는 날아야 했고, 결국 날 수 있게 된 것이다.

진로나 비전에 대한 교육을 하고 상담을 하다보면 대학 전공이 자신의 진로를 결정할 것이라고 쉽게 믿는 학생들이 대부분입니다. 특정한 분야에 대해 충분한 자질과 흥미가 있는데도 불구하고 단지 현재 성적이 목표에 미달한다는 이유로 꿈을 쉽게 포기하는 경우가 많습니다.

능력 있는 사람이 무언가를 해내는 것이 아니라, 하려고 하는 사람들에게 그 일을 할 수 있도록 능력이 생기는 것입니다. 하고 싶은 것이 있는데, 꼭 이루고 싶은 것이 있는데 지금의 능력이나 환경을 보고는 겁을 먹고 못할 것 같다고 포기하고 체념해버린 적은 없는지 생각해보길 바랍니다.

할 수 없을 것 같다고 미리 예단하고 포기하지 말고, 마음 먹고 하다보면 능력이 생긴다는 긍정적 믿음으로 꾸준히 해나간다면 호박벌처럼 반드시 원하는 결과를 얻을 수 있습니다.

"능력 있는 사람이 하는 것이 아니라, 하고자 하는 사람에게 능력이 생긴다."

4장

아자!

폴깨두씨가
열매를 맺게
만들어라

효과적인 정리의 기술을 위한
'플랜두씨'

'적자생존(適者生存)'이라는 말을 들어봤나요? "환경에 적응하는 생물만이 살아남고, 그렇지 못한 것은 도태되어 멸망하는 현상"을 뜻하는 말이랍니다. 그런데 이 말에 또 다른 의미가 있는데, 바로 "적는 자만이 살아남을 수 있다"는 것입니다. 노트 정리가 그만큼 중요하다는 의미입니다.

요즘 학생들은 TV와 컴퓨터, 게임, 영화, 스마트폰 등 각종 멀티미디어 기기들에 길들여져서 문자로 된 책을 읽는 것과 그것을 손으로 옮기는 노트 정리를 너무나 힘들어하고 귀찮아하는 것 같습니다. 그런데 "노트 정리 자체가 가장 효과적인 학습법 중에 하나다"라는 말도 있듯이 공부를 할 때 노트 정리를 하면 학습효과를 높이는 데 큰 도움이 된답니다. 어떻게 하면 효과적인 노트정리를 할 수 있는지 '플랜두씨'로 살펴보겠습니다.

우선 노트 정리를 잘 하겠다는 플랜(계획)을 세워야 합니다. 그럼 노트 정리에 도움이 되는 방법으로는 어떤 것이 있는지 살펴봐야겠죠? 노트 정리의 장점과 '기록, 이해, 요약, 암기, 정리' 등 노트 정리의 핵심 키워드를 알아야 하고, 학습 내용을 잘 '구분'해야 하며, 좌뇌가 좋아하는 텍스트 중심의 '완전학습노트'를 활용하거나 우뇌가 좋아하는 이미지 중심의 '마인드맵노트'를 활용하고, 개념을 정리할 때는 마인드맵과 비슷한 '개념지도'를 활용해야 하며, 금나나의 '백만 불짜리 노트 필기법'처럼 다른 공신들의 방법을 따라 배우는 것이 좋습니다. 이제 이런 방법들을 하나씩 두(실행)하면서 어떤 것이 자신에게 잘 맞는지 알아봅시다.

노트 정리를 할 때에는 '제2의 뇌'라고 불리는 손을 사용하기 때문에 보조기억장치를 활용할 수 있고, 수업시간에 집중하면서 주요 개념을 쉽게 파악할 수 있으며, 이해하지 못한 것과 부족한 부분에 초점을 맞춰서 복습할 수 있고, 교과서와 참고서, 문제집의 주요 내용까지 포함시킬 수 있어서 시험 대비를 잘할 수 있다는 장점들을 확인하면서 노트 정리에 대한 의지를 다질 수 있습니다. 그런데 노트 정리의 핵심 키워드라고 하는 '기록, 이해, 요약, 암기, 정리' 등에 대해서는 이해가 잘되지 않는다고요? 게다가 학습 내용을 잘

'구분'해야 한다는 것도 뜬구름 잡는 얘기라서 와닿지가 않는다고 요? 좌뇌 중심의 '완전학습노트'보다는 우뇌 중심의 '마인드맵노트'가 더 마음에 들었다면, 개념 정리에 효과적인 '개념지도'와 비슷한 마인드맵을 적용해볼 수 있겠네요. 결국 개념노트의 사용으로 '자신만의 정리의 기술'을 활용하게 되었을 겁니다.

개념지도를 만들면서 개념지도에 그려 넣을 핵심 개념을 찾는 것은 그리 어렵지 않았겠지만, 개념들의 관계를 파악하는 것은 어려울 수 있습니다. 혼자 해결하기 어려운 것들은 친구들과 선생님에게 질문을 해서 하나씩 개념지도를 그려보세요. 개념을 타원형으로 표시하고, 개념을 연결시키는 선을 그리며, 관계어를 집어넣고, 수정에 재수정을 거듭해야 할 겁니다. 자 이제, 불필요한 내용을 줄이거나 필요한 내용을 추가하면서 표나 그림까지 덧붙이니 멋진 개념지도가 완성되었습니다. 이제 개념노트가 '정리의 기술'에 얼마나 도움이 되는지 씨(평가)를 해봐야 할 시간입니다.

개념지도를 그리는 데 생각보다 시간이 많이 걸려서 조금 당황스러웠을 겁니다. 중간에 '이렇게까지 정리를 해야 하나?'라는 생각도 들었겠지만 꾹 참고 끝까지 마무리를 지었다면, 공부한 내용을 떠올려보면서 전체가 부분과 어떻게 연결되어있는지 한눈에 확실하게 파악할 수 있을 겁니다. 이것만 있으면 시험에서 만점을 받을 수 있겠다는 확신도 들겠죠. 다만 개념지도를 잘 그리기 위해 핵심 개념과 개념들 간의 관계를 잘 파악하려면 수업을 들을 때나 복습을 할 때 노트 정리를 잘 해놔야겠다는 반성도 할 수 있습니다. 앞으로 소단원이나 중단원, 대단원의 개념지도까지 만든다면 교과서 한 권을 쉽게 통째로 기억할 수도 있겠다는 생각도 들었을 겁니다.

노트를 포함해 어떤 학습도구든 제대로 활용해서 효과를 보려면 '동기부여'와 '구체적인 방법' 등 2가지가 필요합니다. 동기부여를 위해서는 왜 노트 정리를 해야 하는지 나름의 이유를 찾는 것이 중요하고, 구체적인 방법을 위해서는 이론과 원리, 단계별 프로세스, 세부적인 응용방법 등이 중요하고요. 이렇게 '정리의 기술'에 초점을 맞추고 실행과 평가를 계속해나가다 보면 학습효과가 크게 높아질 거라 믿습니다. '플랜두씨'가 개념노트 위에서 정리의 꽃을 활짝 피우길 기대합니다.

국영수사과 과목별 공부법을 위한
'플랜두씨'

대부분의 학생들은 국어, 영어, 수학, 사회, 과학 등 과목에 따라 공부하는 방법이 다르다는 것을 잘 모르고 있습니다. 설령 안다고 해도 너무 많은 방법들이 있어서 어떤 것을 배워야 할지 혼란스럽기만 할 겁니다. 쉽고 편하게 과목별 공부를 하려면 핵심 포인트만 알면 됩니다. 어떻게 하면 과목별로 공부를 잘할 수 있는지 '플랜두씨'로 살펴보겠습니다.

우선 국영수사과 과목별로 공부를 잘 하겠다는 플랜(계획)을 세워야 합니다. 그럼 과목별 공부법에 도움이 되는 방법으로는 어떤 것이 있는지 살펴보도록 하죠.

첫째, 국어는 단순한 과목이 아니라 말하기, 듣기, 읽기, 쓰기, 문법, 문학 등 그리 쉽지 않은 6가지 분야가 모여서 한 과목을 이루고 있으므로 체계적인 공부가 필요하다는 것부터 알아야 합니다. 국어 실력을 키우려면 어휘력이 좋아야 하고, 다양한 공부자료를 활용해야 하며, 글을 분석하고 정리하는 능력이 있어야 하고, 글의 종류와 특성을 알아야 하며, 글에 대한 감각도 익혀야 합니다.

둘째, 영어는 국어와 마찬가지로 말하기, 듣기, 읽기, 쓰기, 문법, 문학 등 6가지 분야가 모여서 한 과목을 이루고 있는 데다 '환경'이라는 요소가 추가되기 때문에 국어보다 몇 배는 더 어렵다는 것부터 알아야 합니다. 영어 실력을 키우려면 관심과 흥미를 위해 재미를 가져야 하고, 문법을 체계적으로 정리해야 하며, 중요한 필수 문장은 암기해야 하고, 독해와 회화도 잘해야 하고, 글의 구성을 파악해야 하며, 무엇보다 어휘를 많이 알아야 합니다.

셋째, 수학은 고리학습의 구조를 가지고 있어서 앞 과정에 대한 이해 없이는 다음 과정으로 넘어갈 수 없기 때문에 벽돌을 한 장 한 장 쌓아 올리듯이 기초를 튼튼히 하여 차근차근 해나가야 한다는 것부터 알아야 합니다. 수학 실력을 키우려면 수학 공부의 순서를 알아야 하고, 정확성보다는 빠르기를 강조해야 하며, 기호의 의미를 명확하게 알아야 하고, 수학 관련 독서를 많이 해야 하며, 개념과 원리를 잘 이해해야 하고, 다양한 문제풀이로 실력을 다져야 하며, 문장제 문제에 익숙해져야 하고, 주어진 것과 구하는 것을 잘 파악해야 합니다.

넷째, 사회는 '나'부터 시작해서 가족, 이웃, 지역, 국가, 세계까지 인식의 범위를 넓혀가는 나선형 학습이라서 과거와 현재, 미래의 사회 현상과 일상생활에서 일어나는 모든 일에 대해 관심을 가져야 한다는 것부터 알아야 합니다. 사회 실력을 키우려면 직접 체험을 많이 해봐야 하고, 흐름을 이해해야 하며, 올바른 순서에 따라 공부해야 하고, 외울 것은 외워야 하며, 교과서 외에 다양한 책을 읽어야 하고, 도표와 그림을 활용해야 하며, 토의와 토론 등의 활동에 적극 참여하는 것이 좋습니다.

다섯째, 과학은 '관찰', '법칙', '원리', '응용'이라는 4가지 방식으로 이루어지며, 창의성을 기르기 위한 과목이고, 내용을 자세히 들여다보면 물리, 화학, 생물, 지구과학 등 4가지 영역으로 구분되므로 이들 4개 영역의 특성에 맞춰서 공부를 해야 한다는 것부터 알아야 합니다. 평소에 '왜?'라는 의문을 가져야 하고, 과학 용어를 많이 알아야 하며, 원리와 개념을 이해하고 실험과 관찰을 해야 하며, 올바른 순서에 따라 공부해야 하고, 외울 것은 외워야 하며, 다양한 과학학습 소재들을 잘 활용해야 하고, 문제를 많이 풀어보는 것이 좋습니다.

이제 이런 방법들을 하나씩 두(실행)하면서 어떤 것이 여러분에게 잘 맞는지 알아봐야겠죠? 국영수사과 중에서 수학이 제일 약하다면 수학공부법을 먼저 살펴보겠습니다.

개념과 원리를 이해하고, 다양한 문제풀이로 실력을 다져야 한다는 건 귀에 못이 박히도록 들어서 이미 잘 알고 있을 겁니다. 그런데 개념과 원리를 잘 이해하려면 숫자·기호와 친해져야 하고, 그러려면 일상에서 수학이 어떻게 적용되고 있는지 구체적인 사례를 들어서 설명하고 있는 수학 관련 책을 많이 읽는 것이 좋겠습니다. '+'는 커짐, '-'는 작아짐, '×'는 같은 수의 커짐(더하기), '÷'는 같은 수의 작아짐(빼기)이라는 간단한 개념도 잘 몰랐으니 수학이 어려울 수밖에 없었을 겁니다. 그리고 방정식 문제를 자꾸 틀려서 고민이라면 분수의 사칙연산을 잘 몰랐기 때문이라는 것, 결국 정수의 사칙연산이 제대로 잘되지 않았기 때문이라는 것도 알게 될 겁니다. 결국 수학 도서를 읽는 것으로 '자신만의 수학공부법'을 선택하면 됩니다.

이제 수학 독서가 '수학 실력'에 얼마나 도움이 되는지 씨(평가)를 해봐야 할 시간입니다. 세계 단편 문학에 등장한 부동산 거래 장면을 친구들과 함께 역할을 나누어서 롤플레잉을 해보니 사칙연산과 이자율을 쉽게 이해할 수 있었습니다. 그런데 어떤 책에 어떤 개념과 원리가 담겨있고, 어느 정도의 수준인지, 어떤 책과 함께 읽으면 좋을지 등 정보가 부족하다는 생각이 들었습니다. 이런 정보를 누군가가 친절하게 알려주면 좋겠다는 생각도 들었고요.

이렇게 '수학공부법'에 초점을 맞추고 실행과 평가를 계속해나가다 보면 수학성적도 쑥쑥 오를 거라 믿습니다. '플랜두씨'가 숫자와 기호의 꽃을 활짝 피우길 기대합니다.

예습-수업-복습 3단계 학습법을 위한
'플랜두씨'

매년 수능 시험을 치르고 난 후 만점자나 수석 합격자를 상대로 비결을 물어보면 하나같이 "교과서를 중심으로 학교 수업에 충실하면서, 학원과 과외의 도움 없이, 잠을 6시간 이상 충분히 자면서, 예습과 복습을 열심히 했습니다"라고 합니다. 예습과 수업, 복습으로 이어지는 3단계 학습법은 자기주도학습의 기본이라서 '학습의 불문율'이라고도 불릴 만큼 중요하지요. 어떻게 하면 예습과 수업, 복습(예수복)을 잘할 수 있는지 '플랜두씨'로 살펴보겠습니다.

우선 예수복을 잘하겠다는 플랜(계획)을 세워야 합니다. 그럼 예수복에 도움이 되는 방법으로 어떤 것이 있는지 알아보겠습니다.

첫째, 예습의 목표는 '이번 시간에 뭘 배우는지 아는 것'이라는 사실부터 알아야 합니다. 그리고 1단계인 내용 확인, 2단계인 개념 이해, 3단계 질문 정리로 수준을 높여나가야 합니다. 둘째, 수업의 목표는 선생님이 설명하는 개념을 습득하고 이해하는 것이라는 사실을 알아야 합니다. 그리고 수업에 집중하려면 시각과 청각, 촉각 등 감각기관이 활성화되어있어야 하므로 눈과 귀, 손을 잘 활용해야 합니다. 셋째, 복습의 목표는 수업시간에 배운 개념을 완벽하게 이해하고 암기하는 것이란 사실부터 알아야 합니다. 그리고 기억과 학습의 원리에 따라 '주기적, 5회 이상 반복'을 복습에도 그대로 적용하면 됩니다. 이제 이런 방법들을 하나씩 두(실행)하면서 어떤 것이 자신에게 잘 맞는지 알아봅시다.

예습과 수업, 복습을 한꺼번에 모두 잘하면 좋겠지만 셋 중에서 어느 하나를 선택하는 것이 좋겠네요. 순서대로 하면 예습이 첫 번째로 중요하고, 그 다음으로 수업, 마지막으로 복습이지만 일단 수업부터 집중해서 듣기로 마음을 먹는 게 좋겠습니다. 선생님의 말씀과 칠판에 적는 내용을 잘 입력하기 위해서 눈은 부엉이의 눈처럼 크게 뜨고 보고, 귀는 토끼의 귀처럼 쫑긋 세우고 들으며, 손은 원숭이처럼 재빠르게 펜을 놀려서 필요한 사항을 기록해야 할 겁니다. 이렇게 눈과 귀를 활짝 열어두고 수업을 들으면 스펀지가 물을 빨아들이듯이 수업 내용이 머리에 쏙쏙 들어오는 걸 알 수 있습니다.

수업 듣는 게 생각보다 어렵지 않다는 걸 알게 되면 욕심이 생겨서 예습에도 도전해보고 싶어질 겁니다. 우선 1단계 내용 확인부터 시작하는 게 좋습니다. 수업이 시작되기 전에 학습목표와 주제, 제목과 목차 정도만 간단하게 보면 됩니다. 너무 쉬운 방법이니 누구나 실천할 수 있습니다. 그럼 2단계인 개념 이해로 넘어가면 됩니다. 이번 시간에 배울 부분을 교과서에서 찾아 정독하면서 읽는 데 생각보다 시간이 많이 걸릴 겁니다. 만약 예습을 제대로 하지 않았다면 수업시간에 집중도 잘되지 않을 것이고요. 결국 예습을 간단히 하고 수업을 집중해서 듣는 것을 '자신만의 3단계 학습법'으로 활용하게 되었습니다.

이제 예수복이 공부에 얼마나 도움이 되는지 씨(평가)를 해봐야 합니다. 일단 1분 정도의 짧은 시간 동안 훑어보듯이 예습을 했는데도, 수업시간에 선생님의 설명을 이해하는 데 큰 도움이 되었을 겁니다. 그리고 의식적으로 눈을 크게 뜨고, 귀를 쫑긋 세우면서 수업에 집중했더니 선생님과 1 대 1로 수업을 받는 것 같은 느낌이 들었을 테고요. 다만 손을 사용해 노트 정리까지 완벽하게 하려고 하면서 집중력이 분산되는 느낌을 받을 수 있습니다. 그러면 교과서에 핵심 포인트만 메모하는 식으로 노트 정리를 대신할 수 있습니다. 앞으로 선생님이 말씀하실 때 고개를 끄덕이면서 작은 목소리로 대답까지 한다면 방송에서 봤던 공신과 비슷한 모습으로 공부할 수 있을 것입니다.

　많은 학생들이 돈도 들지 않고 누구나 쉽게 할 수 있는 예수복 방법을 두고, 많은 돈을 들여 어려운 방법으로 공부를 하고 있습니다. 그 이유는 예습을 하는 방법, 수업을 듣는 방법, 복습을 하는 방법 등에 대한 구체적인 내용을 잘 모르기 때문입니다. 이제 예수복에 대한 비밀을 풀었으니 공부에 탄력이 붙을 거라 기대합니다. 이렇게 '3단계 학습법'에 초점을 맞추고 실행과 평가를 계속해나가다 보면 시험이 기다려질 거라 믿습니다. '플랜두씨'가 예습과 수업, 복습의 꽃을 활짝 피우길 기대합니다.

기억의 원리에 따른
공부를 하기 위한 '플랜두씨'

성공학습자들은 어떤 시간을 가장 중요하게 생각할까요? '공부하는 시간', '잠 자는 시간', '자투리 시간' 등도 중요하지만 가장 중요한 시간은 '즉시(卽時, 곧/금방)'입니다. '즉시' 공부하면 잊어버리지 않으니 기억을 잘 할 수도 있고, 미루지 않으니 다른 사람에게 잔소리 들을 일도 없어서 그렇습니다.

우리 뇌는 아무 때나 하고 싶은 대로 공부한다고 해서 기억을 잘하지 않습니다. 뇌가 좋아하는 시간에 선호하는 방법으로 공부해야 효과를 볼 수 있는 것입니다. 결국 공부를 잘하기 위해서는 뇌와 친해져야 하고, 그러려면 기억의 원리를 알아야 합니다. 어떻게 하면 기억의 원리에 따라 공부할 수 있는지 '플랜두씨'로 살펴보겠습니다.

우선 기억의 원리에 따라 공부하겠다는 플랜(계획)을 세워야 합니다. 그럼 기억의 원리가 무엇인지부터 알아보겠습니다. 기억의 원리 중에 가장 오랜 전통을 가진 것이 바로 헤르만 에빙하우스의 '망각곡선이론'입니다. 에빙하우스는 사람들이 뭔가를 배우고 나서 1시간이 지나면 50퍼센트, 하루가 지나면 60퍼센트, 일주일이 지나면 70퍼센트, 한 달이 지나면 80퍼센트 정도를 잊어버린다는 연구 결과를 발표했습니다. "인간은 망각의 동물이다"라는 말도 있듯이 이렇게 짧은 시간에 많이 잊어버리고 맙니다. 이미 100년 전에 에빙하우스는 사람이 망각을 이기고 기억을 잘할 수 있는 방법을 찾기 위해 실험을 계속한 끝에 기억의 황금률을 발견했습니다. 바로 '주기적, 5회 이상, 반복'이 핵심 비결입니다.

그렇다면 어떤 반복 주기가 가장 좋을까요? 보통은 배운 직후 1시간 이내에 첫 번째 반복, 하루 24시간 이내에 두 번째 반복, 일주일 이내에 세 번째 반복, 2주 이내에 네 번째 반복, 한 달 이내에 다섯 번째 반복이 효과적입니다. 이 시간대에 우리 뇌에서 망각이 많이 일어나기 때문이지요. 그럼 다섯 번의 반복 주기 중에서도 언제가 가장 효과가 좋을까요? 바로 배운 직후 1시간 이내입니다. 우리 뇌는 배우고 나서 1시간 만에 절반 이상을 잊어버리고, 그 다음부터는 조금씩 천천히 잊어버리는 특성이 있습니다. 그래서 공부를 잘하기 위한 '황금시간대'는 배운 직후 1시간 이내입니다. 이제 '즉시'라는 단어가 왜 공부를 잘하기 위해 중요한지 알게 되었을 겁니다. 또한 배운 직후 1시간 이내라면 결국 수업이 끝난 후에 쉬는 시간 10분 중에서 5분을 의미합니다. 수업 후 쉬는 시간 10분 중에 5분을 할애해서 전 시간에 배웠던 내용 중 핵심을 중심으로 5분 동안 복습하는 '5분 학습법'을 추천합니다. 5분 학습법은 쉽고 간단해 보이지만 효과는 탁월해서 가장 강력하게 추천하는 공부법입니다.

기억력을 높이기 위한 2순위는 '잠들기 전 30분 동안'입니다. 우리가 공부한 내용을 잘 기억하지 못하는 이유는 시각적·청각적 방해요인으로 인한 '간섭효과' 때문입니다. 그런데 하루 24시간 동안에 간섭효과가 없는 유일한 시간이 바로 잠자는 시간입니다. 그래서 잠들기 전 30분 동안에 공부를 하고 바로 잠이 들면 기억에 효과적입니다. 이걸 '30분 학습법'이라고 합니다.

이제 기억의 원리에 따른 공부법을 두(실행)하면서 자신에게 잘 맞는지 알아봐야 할 시간입니다. 5분 학습법을 실천하기 위해 쉬는 시간에 바로 일어나지 않고 책상에 앉아있기는 했지만, 무엇을 해야 할지 모르겠다고요? 5분 학습법 초보자에게는 '카드학습법'을 추천합니다. 전 시간에 배웠던 내용 중에서 중요한 핵심만을 2~3장의 카드로 만들면 됩니다. 그러다 보면 5분이 훌쩍 가버릴 겁니다. 앞으로 카드학습법으로 '5분 학습법'을 실천하면 좋겠습니다.

또 '30분 학습법'을 실천하려고 잠옷으로 갈아입고 침대에 누워서 책을 보려고 했더니 눈꺼풀이 자꾸 내려와서 도저히 30분간 버티지를 못하겠다고요. 잠들기 전 30분 동안 공부 외에 다른 생산적인 일을 할 수는 없는지 알아보세요. 선생님은 '학습플래너' 쓰기를 추천합니다. 침대에 누워 내일 공부계획을 세워보고, 오늘의 학습일기까지 쓰는 건 10분 정도면 할 수 있습니다. 그러고 나서 좋아하는 책을 읽으면서 잠들면 마음이 편하고 뿌듯할 겁니다. 앞으로 학습플래너를 쓰면서 '30분 학습법'을 실천하면 좋겠습니다.

이제 '5분 학습법'과 '30분 학습법'이 공부에 얼마나 도움이 되는지 씨(평가)를 해봐야 합니다. '5분 학습법'을 한 과목과 그렇지 않은 과목을 비교해보면 확실히 '5분 학습법'으로 잠깐이나마 복습을 한 과목의 내용이 훨씬 더 잘 기억될 겁니다. 이 학습법을 활용하는 과목을 점차 늘려서 앞으로는 5교시 이상으로 늘리겠다는 생각을 하는 것도 좋습니다. 또 '30분 학습법'으로 학습일기를 쓰면 그날 공부한 것을 되돌아볼 수 있고, 스스로 칭찬도 반성도 할 수 있어서 좋습니다. 그리고 학습계획을 세우며 다음 날 공부에 대한 구체적인 그림까지 그려보니 공부 의욕이 불끈 샘솟을 겁니다. 앞으로 꾸준히 학습플래너를 쓴다면 성적 향상은 문제없을 거라는 확신이 들 겁니다. 이렇게 '기억의 원리'에 초점을 맞추고 실행과 평가를 계속해나가다 보면 학교에서의 쉬는 시간과 집에서의 잠들기 전

30분을 알차게 사용할 수 있어서 공부에 큰 도움이 될 거라 믿습니다. '플랜두씨'가 쉬는 시간과 잠들기 전에 꽃을 활짝 피우길 기대합니다.

완벽한 이해와 암기로
완전학습을 하기 위한 '플랜두씨'

'완전학습'이란 말을 들어본 적이 있나요? '완전학습'이란 전 과목에서 만점을 받을 정도의 학습을 의미합니다. 그리고 '완벽이해'와 '완벽암기'로 이루어집니다. 완벽이해는 복습을 할 때 주로 활용하는데, 이해한 것과 이해하지 못한 것을 구분해서 이해하지 못한 것을 이해할 때까지 반복하는 것을 말합니다. 완벽암기는 시험공부를 할 때 주로 활용하는데, 암기한 것과 암기하지 못한 것을 구분해서 암기하지 못한 것을 암기할 때까지 반복하는 것을 말합니다. 어떻게 하면 완전학습에 성공할 수 있는지 '플랜두씨'로 살펴보겠습니다.

우선 완전학습을 하겠다는 플랜(계획)을 세워야 합니다. 그럼 완전학습을 위해 어떻게 공부하면 되는지 알아보겠습니다. 1단계의 완전학습은 '숙제하기'입니다. 숙제는 좀 더 공부가 필요하다고 생각해서 선생님이 내주는 것이죠. 숙제의 내용은 모든 학생이 똑같을 수도 있고, 학생마다 다를 수도 있습니다. 숙제를 잘하는 습관이 좋은 공부습관으로 이어진다는 것을 기억하세요. 2단계의 완전학습은 '수업 내용 가르치기'입니다. 사실 식사를 하면서 수업시간에 배운 내용을 이야기하기만 해도 엄청난 복습효과가 있습니다. 처음에는 가볍게 1~2가지 정도만 얘기하고, 조금씩 적응해가면서 자세한 얘기를 하면 됩니다.

3단계의 완전학습은 '수업 내용 압축하기'입니다. 우선 교과서에 중요하다고 표시한 내용을 중심으로 연습장에 옮겨 적고, 노트를 보면서 선생님이 강조한 내용도 연습장에 적으며, 참고서나 문제집, 보조자료에서 참고할 만한 내용을 연습장에 추가하면 됩니다. 이 모든 것을 하나로 정리하면서 요약을 하면 핵심 내용을 압축할 수 있습니다. 4단계의 완전학습은 '수업 내용 펼치기'입니다. 압축을 지속적으로 하다보면 책의 목차처럼 핵심 키워드만으로 핵심내용을 정리할 수 있을 정도로 수준이 높아지는데, 이 정도가 되면 핵심 키워드를 이미지로 표현하는 '개념지도'를 활용할 수 있답니다. 글의 주제나 핵심 내용을 핵심 개념이라 하고, 개념지도는 글의주제나 핵심 내용과 관련된 개념과 세부 내용들을 찾아서 이해하기 쉽고 오랫동안 기억할 수 있도록 묶고 연결하여 이미지화시키는 것을 말합니다. 개념지도를 그리면서 펼치기를 하면 효과적입니다.

5단계의 완전학습은 '학습일기 쓰기'입니다. 학습일기는 하루 동안에 배운 내용을 일기처럼 자유롭게 쓰는 것입니다. 학습일기를 학습 내용을 중심으로 쓰면 복습이 되고, 느낌을 중심으로 쓰면 반성이 된답니다. 학습일기를 쓰면 학습계획표를 점검하고 확인하며 평가하게 되고, 학습성취도를 파악할 수 있으며, 개인적인 정신적·육체적 문제점도 알 수 있습니다. 글을 쓰는 것이 부담스러운 학생은 스마트폰이나 MP3, 보이스레코더에 녹음을 하거나 캠코더로 동영상을 촬영하는 것으로 학습일기를 대신할 수 있습니다. 1주일에 한 번 1주일 학습일기, 1개월에 한 번 1개월 학습일기, 3개월에 한 번 분기 학습일기, 6개월에 한 번 학기 학습일기, 1년에 한 번 1년 학습일기를 쓰면 한 해를 알차게 보낼 수 있을 겁니다. 이제 이런 방법들을 하나씩 두(실행)하면서 어떤 것이 자신에게 잘 맞는지 알아봐야겠죠?

1단계 '숙제하기'는 어렵지 않으니 대부분 잘 넘어가는 편입니다. 2단계 '수업 내용 가르치기'는 가족끼리 저녁을 먹으면서 실천하면 좋습니다. 하지만 주말에 한 번 정도만 함께 식사할 수 있을 정도로 바쁘다면 집에서 키우는 금붕어에게 가르치기를 해도 좋습니다. 3단계 '수업 내용 압축하기'와 4단계 '수업 내용 펼치기'는 시간과 노력이 많이 필요한 부분이라 부담이 많이 될 겁니다. 5단계 '학습일기 쓰기'는 가장 수준이 높은 완전학습 실천방법이라고 하는데, 잠들기 전에 10분 정도 학습일기를 써보면 막상 어렵지 않습니다. 너무 간단하게 써서 쉽게 생각되는 건 아닌지 살짝 의심도 들겠지만 계속 실천하다 보면 제대로 학습일기를 쓸 수 있을 겁니다. '수업 내용 가르치기'와 '학습일기 쓰기'를 '자신만의 완전학습'으로 적용하기로 합니다.

이제 완전학습이 공부에 얼마나 도움이 되는지 씨(평가)를 해봐야겠네요. 평소에 가족들이나 친구들과 함께 있을 때도 말수가 별로 없다면 수업 내용을 금붕어에게 가르치는 것도 무척이나 어려울 겁니다. 평소에도 사람들과 얘기를 많이 나누어서 가르치는 기술을 키워봐야겠다는 생각을 할 수 있지요. 학습일기 쓰기는 거의 매일같이 습관처럼 실천하고 있는 것 같습니다. 이렇게 '완전학습'에 초점을 맞추고 실행과 평가를 계속해나가다 보면 완벽한 이해와 암기를 통해 학습성과가 크게 향상될 거라 믿습니다. '플랜두씨'가 완전학습의 꽃을 활짝 피우길 기대합니다.

플라톤의 끈기

끈기가 성공을 결정한다

반복하는 것과 간단한 것을 싫어하는 중학교 2학년 지연이가 있었습니다. 지연이는 문제집을 한 번 풀고 나면 다시 보지 않았죠. 그리고 문제집을 풀 때도 기초 과정은 그냥 넘어가고, 항상 심화 과정의 문제만 풀었습니다. 지연이가 많이 하는 말 중에 하나는 "다 아는 거니까 그냥 넘어가요"였습니다. 그러다보니 실수로 항상 쉬운 것을 자주 틀리고 놓치곤 했습니다. 이번 시험에서도 다 아는 문제인데도 불구하고 수학 연산을 실수로 몇 문제 틀렸더군요. 항상 2퍼센트가 부족했습니다.

이런 지연이와 1가지 약속을 했습니다. 간단한 연산 실수를 놓치지 않는 습관을 들이기 위해 매일 1장씩 기본연산을 풀기로 한 것입니다. 그러나 1주일이 지나고 2주일이 지나면서 지연이는 점점 하기 싫어했습니다. 지연이는 시간 낭비라고 생각했던 것이죠. 이런 지연이에게 들려주고 싶은 이야기가 있습니다.

고대 그리스의 철학자이자 당대 청년 지식인들의 우상이었던 소크라테스가 개학 첫날 학생들과 만났다. 간단한 인사와 자기소개를 하고는 공부에 도움이 되는 동작을 하나 알려주겠다고 했다.

"오늘은 첫 시간이니 아주 쉽고 간단한 동작을 1가지 배워보겠다. 자, 나를 따라서 팔을 최대한 앞으로 뻗은 다음에 다시 최대한 뒤로 뻗어보거라."

그는 직접 시범을 보여주면서 말을 이었다.

"오늘부터 매일 이 동작을 300번씩 반복하는 거다. 모두 잘할 수 있겠지?"

학생들은 이렇게 간단한 것도 못할 사람이 있을까란 생각에 웃음을 터뜨렸다.

한 달쯤 지났을 때 소크라테스가 수업 중에 갑자기 질문을 했다.

"첫 시간에 내가 알려준 동작을 매일 300번씩 꾸준히 한 사람은 손 들어봐라."

질문이 끝나자마자 90퍼센트의 학생들이 자신 있다는 듯 손을 들었다.

한 달이 더 지났을 무렵 소크라테스가 수업 중에 다시 같은 질문을 하자 손을 든 학생이 60퍼센트로 줄어 들었다.

1년 뒤 마지막 수업시간에 소크라테스는 다시 학생들에게 물었다.
"자, 첫 시간에 알려준 동작을 지금까지 꾸준히 한 사람이 있으면 손 들어봐라."
다들 옆 친구의 눈치만 살피고 있는데, 한 학생이 가만히 손을 들었다.
그 학생이 소크라테스의 수제자이자 훗날 위대한 철학자가 된 플라톤이다.

끈기는 '쉽게 단념하지 아니하고 끈질기게 견디어나가는 기운'을 의미합니다. 쉽게 얘기하면 목표를 달성할 때까지 지속하는 힘을 말하는 것이지요. 끈기는 쉬운 일인 듯하면서도 어려운 일입니다. 누구나 끝까지 노력할 수 있다고 말하지만 마지막까지 버티는 것은 아무나 할 수 있는 일이 아니랍니다. 쉬우면서도 어려운 '끈기'때문에 게으름뱅이와 평범한 사람, 성공한 사람으로 나뉘는 것이죠.
성공한 사람들의 공통점은 성공할 때까지 노력했다는 것입니다.

'인디언 기우제' 이야기를 들어봤는지 모르겠네요. 인디언들이 기우제를 지내면 100퍼센트 성공한다고 합니다. 그런데 그 비결은 바로 비가 내릴 때까지 기우제를 지내기 때문이라는 것이죠. 우여곡절과 시행착오가 있더라도 끝까지 최선을 다하면 결국 공부에서도 삶에서도 성공할 수 있습니다. 우리가 목표를 달성하지 못하는 이유는 목표를 달성할 때까지 버티지 못하기 때문입니다. 끝까지 버티는 끈기를 발휘할 때 어떤 어려움도 이겨낼 수 있고, 반드시 목표를 달성할 수 있습니다.

세계 최고의 경영학의 구루로 불렸던 피터 드러커에게 한 기자가 물었습니다.

"어떻게 경영학의 1인자가 될 수 있었습니까?"

피터 드러커가 미소를 지으면서 말했습니다.

"내가 100살 가까이 되도록 오래 살다 보니 나보다 유명한 사람은 일찍 죽더라고. 그래서 자연스럽게 내가 1인자가 될 수 있었던 거지."

피터 드러커는 "될 때까지 끝까지 노력하면 결국 된다"는 교훈을 유머로 알려줬던 것입니다.

5장

아자!

플레두씨로
꿈과 목표를 이룬
성공인의 비결

성공의 원리에
숨어있는 공부의 원리

매년 연말이면 지상파 방송 3사에서 연기대상과 연예대상, 가요대전 등을 개최합니다. 방송사의 드라마와 예능, 코미디, 시사교양 등 프로그램에서 활약한 배우와 코미디언, 성우, 작가, PD 등에게 열심히 일한 것에 대한 상을 수여하는 것이죠. 대상을 차지한 사람의 수상 소감이 감동적이라 트로피를 든 사진과 함께 신문에 크게 실리기도 합니다. 그런데 그들은 어떻게 그런 영광스런 자리에 오를 수 있었을까요? 마찬가지로 공부를 잘하려면 어떻게 해야 할까요? 지금부터 성공한 사람들이 꿈이나 목표를 이룬 과정에 대한 이야기를 해보고자 합니다.

방송이나 스포츠, 미술, 음악, 정치, 경제, 사회, 문화 등 각 분야의 최고 자리에 오른 사람들을 '성공인'이라고 부릅니다. 그들은 모두 자신의 꿈이나 목표를 이룬 사람이라는 공통점이 있지요. 한 분야에서 성공하려면 2가지가 있어야 합니다. 바로 '성품'과 '역량'입니다. 쉬운 말로 바꾸면 '마음가짐'과 '실천방법'이라 할 수 있습니다. 즉, 성공하겠다는 마음이 있어야 하고, 실제로 성공을 위한 구체적인 행동을 해야만 한다는 의미입니다.

그럼 성공하겠다는 마음은 어떻게 생기는 것일까요? 사람마다 성공에 대한 이유는 제각각입니다. 인기를 얻기 위해서, 돈을 많이 벌기 위해서, 이름을 널리 알리기 위해서, 부모님에게 효도하기 위해서, 그냥 잘 먹고 잘 살기 위해서 등 천차만별이지요. 결국 '내가 이 일을 왜 해야 할까?'라는 물음에 스스로 답변을 찾는 것이 중요합니다. 그것이 무엇이든 성공하려는 마음이 생기는 순간 이미 절반은 성공했다고 생각하면 됩니다. 그만큼 성공에 대한 마음가짐이 중요한 것이지요.

아무리 머리를 굴려도 그런 마음이 들지 않을 때는 너무 고민하지 말고 꿈이나 목표를 생각하기 바랍니다. 꿈이나 목표를 크고 대단한 것이 아니라 '그냥 내가 원하는 것'이라고 생각하면 됩니다. 먹고 싶은 음식, 갖고 싶은 물건, 가보고 싶은 곳, 만나고 싶은 사람, 하고 싶은 일 등 크고 작은 원하는 일들이 바로 꿈이나 목표인 셈이죠. 그런 일들이 하려는 일과 어떤 관련이 있는지 생각해보면 분명 연결고리를 찾을 수 있을 겁니다. 결국 내가 원하는 것을 하려면 시간과 노력, 비용이 필요하겠죠.

성공에 대한 이유를 찾아서 마음가짐이 확실해졌다면 이제 구체적인 행동으로 옮기기만 하면 됩니다. 하지만 마음먹기까지도 힘들지만 행동하기는 더욱 힘이 듭니다. 그래서 '작심삼일'이라는 말이 있는 것이겠죠. '작심삼일'에서 벗어나는 방법은 2가지입니다. 하나는 3일마다 새롭게 마음을 먹는 것이고, 다른 하나는 충분히 실천할 수 있는 가장 낮은 수준으로 해야 할 일을 작게 만들어서 행동에 옮기는 것입니다. 어쨌든 멈추지 말고 조금씩이라도 앞으로 나아가는 것이 중요합니다.

공부를 잘하기 위한 비결도 결국 '공부를 하겠다는 마음가짐'과 '공부를 하는 구체적인 행동' 등 2가지가 핵심이라고 할 수 있습니다. 이 2가지는 '어떻게 하면 스스로 공부하고 싶은 마음이 생길 수 있을까?', '어떻게 하면 그 마음을 실천에 옮길 수 있을까?'라는 질문으로 바꾸면 좀 더 쉽게 이해가 될 것입니다. "공부는 별게 아니다. 알아야 할 것과 익숙해지는 방법을 연구하는 것이다"라는 말이 있죠. 이 말은 "공부는 별 게 아니다. 공부에 대한 올바른 마음가짐과 효과적인 방법에 대해 끊임없이 생각하는 것이다"라는 말로 바꿀 수 있습니다.

성공의 원리와 공부의 원리는 비슷합니다. 그래서 학교에서 공부를 잘하는 우등생이 사회에서도 성공할 확률이 높다고 말하는 것입니다. 지금의 공부가 어렵고 힘들다는 생각이 들 수도 있겠지만 나중에 어른이 되었을 때 성공하기 위한 준비 과정이라고 생각하면 좋겠습니다. 세상에 공짜는 없고, 사람들이 겪는 경험의 총량은 비슷합니다. 지금 어렵고 힘들어도 참아낸다면 나중에 웃을 수 있지만, 지금의 즐거움을 위해 시간만 때운다면 나중에 고통의 눈물을 흘리게 될 겁니다. 공부하는 과정을 통해 성공의 원리를 배워서 나중에 정상에서 만나게 되길 바랍니다.

꿈을 이루는 원리에 숨어있는
공부의 원리

혹시 꿈을 이루는 원리가 담긴 '꿈 공식'을 알고 있나요? 론다 번의 《시크릿》에는 '끌어당김의 법칙(Law of Attraction)'이 있습니다. 자신을 믿고 할 수 있다는 긍정적인 생각으로 실천하면 원하는 것을 이룰 수 있다는 의미입니다. 그리고 이지성의 《꿈꾸는 다락방》에 소개된 'R=VD(Realization=Vivid Dream)'라는 공식도 있습니다. 생생하게 꿈꾸면 원하는 것이 이루어진다는 의미입니다. 또한 니시다 후미오의 《된다 된다 나는 된다》에는 '되고 법칙'이라는 것이 있습니다. 긍정적인 자기암기를 통해 된다고 생각하면 된다는 의미입니다.

결국 '끌어당김의 법칙'과 'R=VD', '되고 법칙'은 'RED(Realization=Expressive Dream)'이란 공식으로 정리할 수 있습니다. 성공하려면 꿈꾸는 것을 간절히 원하면서 꿈이 현실이 될 거라는 확신을 가져야 하고, 그러려면 적극적으로 표현해야 하는 것이죠. 결국 꿈을 이뤄서 성공한 사람들의 가장 큰 특징은 추상적이고 불명확한 꿈을 구체적이고 명확하게 시각화시켰다는 점입니다. 즉, 자신의 꿈을 글로 적거나, 사진(그림)으로 보거나, 자주 말하거나, 관련 영상을 보거나, 꿈을 이룬 사람처럼 행동해보는 방법을 활용함으로써 꿈이 눈에 보이는 것처럼 생생하게 만들었던 것입니다.

미래의 꿈을 현재화시켜서 '바로 지금' 꿈이 이루어진 것처럼 생생하게 느끼려면 '꿈환경 만들기'가 좀 더 효과적입니다. 휴대폰, 수첩, 노트북, SNS, 책 등 자신이 자주 쓰는 물건들을 꿈으로 채우는 것이죠. 그럼 아침에 일어나서 밤에 잠 들 때까지, 아니 밤에 잠을 자면서도 '꿈(Dream)'을 꾸게 됩니다. 일상의 모든 공간에서 하루 24시간, 365일 꿈을 접하게 되면 뇌가 현실과 꿈을 혼동하게 되고, '꿈'을 현실로 받아들이게 되는 것이죠. 우리 뇌가 꿈을 현실로 받아들이면 그에 맞는 말과 행동이 나오게 되고, 실제로 꿈을 이룬 것처럼 보이며, 시간이 지나면서 꿈의 주인공이 되는 것입니다.

'꿈환경 만들기'를 통해 꿈을 현실로 만드는 것은 시간의 문제일 뿐입니다. 조금 빨리 이룰 수도 있고, 늦을 수도 있습니다. 더 중요한 것은 언제나 즐겁고 활기차게 생활할 수 있다는 점입니다. 한편

'설레는 아침을 맞는가?'를 기준으로 성공인을 판단할 수 있습니다. 상쾌하게 아침을 시작하려면 몸을 일으킬 수 있는 이유가 있어야 하겠죠. 그러한 이유 중 가장 확실한 것이 바로 '꿈'입니다. 미래의 꿈을 현재화하면서 오늘 해야 할 일을 떠올린다면 그 일이 무척이나 즐겁게 느껴지지 않을까요? 이것이 바로 성공의 핵심 원리입니다. 매일 매순간 설레는 마음으로 생활하고 일하는 사람이 성공하지 못한다면 그것이 도리어 이상한 일이 아닐까요?

공부의 원리도 꿈을 이루는 원리와 비슷합니다. 꿈을 이루려면 추상적이고 불명확한 미래의 모습을 구체적이고 명확하게 현재화시켜야 하듯이, 공부를 잘하려면 추상적이고 불명확한 지식과 정보를 구체적이고 명확하게 시각화시켜야 합니다. 우리가 공부하는 과정을 떠올리면서 가만히 살펴보기 바랍니다. 책을 보거나 강의를 들으면 지식과 정보가 머릿속에 입력이 되고, 여러 번 반복하면 이해와 기억이 됩니다. 그리고 필요할 때 출력을 통해 머리 밖으로 끄집어내는데, 노트 정리를 하거나 문제집을 풀거나 글을 쓰거나 하는 활동이 대표적인 출력방법들입니다. 공부할 때 이런 방법들을 활용하는 이유는 머릿속의 보이지 않는 지식과 정보를 머리 밖으로 끄집어내서 볼 수 있게 만들기 위해서입니다.

목표 관리와 시간 관리를 위해 쓰는 '학습플래너'에도 비슷한 원리가 적용됩니다. 시간이라는 것은 눈에 보이지 않기 때문에 머릿속으로만 생각하고 있으면 실천하기 어렵고 관리도 잘 안 되기 마련입니다. 그래서 일간, 주간, 월간 등 다양한 계획표에 시간과 해야 할 일을 기록하면 언제, 무슨 일을 해야 할지 눈으로 확인할 수 있기 때문에 실천률을 높일 수 있고, 실천하고 나서 잘했는지 못했는지 평가하는 것도 제대로 할 수 있습니다.

꿈을 이루려면 미래를 생생하게 눈으로 볼 수 있어야 하듯이, 공부를 잘하려면 머릿속 지식과 정보를 확실하게 눈으로 볼 수 있어야 합니다. "어떻게 하면 공부를 잘할 수 있을까?"라는 질문은 "어떻게 하면 선생님이나 글쓴이처럼 구체적이고 명확하게 설명할 수 있을까?"라는 말로 바꾸는 것이 좋습니다. 우리는 눈으로 볼 수 있는 것만 실천할 수 있습니다. 그러니 '시각화'가 중요하다는 것을 명심하기 바랍니다.

성공하는 사람들의 7가지 습관과
자기주도학습의 7가지 요소

성공의 비결을 연구하는 '성공학'이란 분야가 있습니다. 세계적으로 유명한 성공철학자들로는 지그 지글러, 조셉 머피, 나폴레옹 힐, 데일 카네기, 스티븐 코비 등이 있습니다. 그중 스티븐 코비 박사가 쓴《성공하는 사람들의 7가지 습관》에는 200년이 넘는 미국 역사에서 성공학과 리더십을 주제로 쓰여진 책과 논문을 모두 분석해서 정리한 내용이 담겨있습니다.

첫째, 자신의 삶을 주도하라(습관 1). 둘째, 끝을 생각하며 시작하라(습관 2). 셋째, 소중한 것을 먼저 하라(습관 3). 넷째, 승-승을 생각하라(습관 4). 다섯째, 먼저 이해하고 다음에 이해시켜라(습관 5). 여섯째, 시너지를 내라(습관 6). 일곱째, 끊임없이 쇄신하라(습관 7).

스티븐 코비 박사는 7가지 습관의 중요성을 강조하면서 다음과 같이 말했습니다. "성공하는 사람들의 7가지 습관은 완전하고 균형 잡힌 효과적인 사람이 되게 하고, 상호존중에 기초한 상호보완적 팀을 만든다. 그것은 개인 성품의 원칙들이다."

　공부를 잘하기 위해서 필요한 '자기주도학습의 7가지 요소'라는 것도 있습니다. 그 7가지 요소는 각각 정신 관리, 학습 관리, 환경 관리, 건강 관리, 집중력, 이해력, 암기력 등으로 이루어지는데, 외부적인 관리가 필요한 '시스템적 요소'와 내부적인 능력이 요구되는 '생물학적 요소'를 포함합니다. 자신감을 갖고 열심히 노력하면서 인내와 끈기를 발휘한다면 공부 성과를 더욱 높일 수 있을 것입니다.

　7가지 요소 중에 정신 관리는 계획과 목표를 통해 올바른 정신 자세를 만드는 것입니다. 학습 관리는 공부에 직접적인 영향을 미치는 시간과 교과목을 잘 관리하는 것입니다. 환경 관리는 효과적인 학습 분위기 조성을 위해 물리적·사회적 환경을 잘 관리하는 것입니다. 건강 관리는 식습관과 운동습관, 생활습관을 통해 최적의 컨디션을 유지하는 것입니다. 집중력은 어떤 사물(책)에 대하여 정신을 집중시키는 힘을 의미하고, 이해력은 말이나 글의 뜻을 깨우쳐 아는 것을 뜻하며, 암기력은 쓴 것을 보지 않고서도 기억할 수 있도록 외우는 것을 의미합니다.

이제 7가지 습관과 7가지 요소가 어떤 관계가 있는지 살펴보겠습니다. 7가지 습관 중에서 습관 1, 2, 3은 독립성을 상징하고, 개인의 승리를 의미하며, 개인의 리더십을 완성하게 합니다. 습관 1은 주도성을 말하며 7가지 요소 중에서 정신 관리에 해당하죠. 습관 2와 3은 목표 설정의 중요성, 시간 활용의 기준과 선택을 말하며 학습 관리(시간 관리)에 해당하고요. 습관 4, 5, 6은 팀워크, 협동, 커뮤니케이션 등을 다루고 있으며 대인관계에서의 승리와 대인관계의 리더십을 효과적으로 달성할 수 있게 합니다. '습관 4, 5, 6'은 '7가지 요소' 중에서 환경 관리(사회적 관계 관리)에 해당합니다.

습관 7은 재충전의 습관이며 '7가지 요소' 중에서 건강 관리에 해당합니다. 다시 말하면 이것은 행복한 인생을 위해 규칙적이고 균형 잡힌 쇄신을 하는 것을 의미합니다. 습관 7은 다른 모든 습관들을 둘러싸고 또 포함하고 있습니다. 이것은 지속적인 자기 개선을 위한 습관으로 나선형의 상향적 성장을 가능케 하는데, 한 단계 더 높은 차원의 이행력으로 각종 습관들에 대한 더 높은 차원의 실행을 함으로써 점점 더 고차원의 단계로 올라가게 합니다.

그렇다면 7가지 요소 중에 집중력과 이해력, 암기력 등 생물학적 3요소는 7가지 습관과 어떤 관련이 있을까요? 생물학적 3요소는 성공의 필수 조건인 '성과'를 창출하기 위한 바탕이 됩니다. 집중력은 열정과 에너지를 상징하며 일의 효율성을 높여주어 최고의 성과를 창출하는 데 기여합니다. 이해력은 정확한 업무 파악에 도움을 주고 직장동료에 대한 이해도를 높여서 인간관계를 좋게 해줍니다. 암기력은 일에 필요한 기술 습득에 도움을 주고, 성과를 확인하고 측정하는 시험에서 위력을 발휘할 수 있게 해줍니다.

성공인들에게 좋은 성공습관이 있었듯이 우등생들에게도 좋은 공부요소가 갖춰져있다고 할 수 있습니다. 그런데 7가지 습관과 7가지 요소가 비슷하다는 것이 놀랍지 않나요? 어릴 때부터 자기주도학습에 관심을 갖고 반드시 배워야 하는 이유는 그것이 평생의 성공 자산이며, 성공을 위한 기초가 되기 때문입니다. 자기주도학습은 공부할 때만 필요한 것이 아니라 우리가 살아가면서 꿈을 이루고 목표를 성취하기 위해 반드시 필요한 것이란 걸 명심하기 바랍니다.

학습자유형에 따른
효과적인 공부방법

"지피지기(知彼知己)면 백전백승(百戰百勝)이다"라는 말을 들어봤나요? 이 말은《손자병법》을 상징하는 말로서, 상대를 알고 나를 알면 100번 싸워서 100번 이길 수 있다는 뜻입니다. 성공인들이나 우등생들은 무작정 열심히 노력한 것이 아니라 자신이 어떤 유형인지를 잘 알고 그에 맞는 방법을 적절히 활용한 사람들이지요. 지금부터 효과적인 공부방법을 찾기 위한 학습자유형에 대해 함께 알아보겠습니다.

주변의 친구들이 공부하는 모습을 보면 제각각이라는 걸 알 수 있습니다. 쓰는 걸 좋아해서 노트 정리를 열심히 하는 친구도 있고, 떠드는 걸 좋아해서 친구랑 함께 묻고 답하면서 공부하는 친구도 있으며, 선생님이 된 것처럼 누군가에게 가르치듯이 공부하는 친구도 있습니다. 왜 이렇게 서로 다른 방법으로 공부하는 것일까요? 그 이유를 알려면 인지유형과 성격유형부터 알아야 합니다.

인지유형은 시각형, 청각형, 운동감각형 등 3가지로 나뉩니다. 시각형은 "좋게 보이는데?", "나는 그것을 본다", "그것이 정당해 보인다"처럼 눈과 관련된 말을 많이 하는 유형입니다. 청각형은 "좋게 들리는데?", "그것은 바로 들린다", "잘 들어봐"처럼 귀와 관련된 말을 많이 하는 유형입니다. 운동감각형은 "해보면 좋겠는데?", "나는 저것이 상자라고 생각한다", "나는 그것을 만진다"처럼 행동과 관련된 말을 많이 하는 유형입니다.

성격유형은 이성형(머리형), 감성형(가슴형), 행동형(장형) 등 3가지로 나뉩니다. 이성형은 머리의 지식 에너지를 주로 쓰고, 지식을 가치 있다고 여기며, 꼼꼼하게 따져보고 '되면 한다'는 주의의 유형입니다. 감성형은 가슴의 감정 에너지를 주로 쓰고, 사람을 가치 있다고 여기며, 마음이 끌리는지를 보고 '분위기 되면 한다'는 주의의 유형입니다. 행동형은 아랫배 부근의 몸 에너지를 주로 쓰고, 물질(돈)을 가치 있다고 여기며, 일단 행동부터 해보는 '하면 된다'는 주의의 유형입니다.

자, 그럼 '인지유형'과 '성격유형'을 교차시켜서 3가지 학습자유형을 생각해보겠습니다. 시각형은 이성형(머리형)에 가까우므로 '시각적 이성형 학습자'에 해당되고, 청각형은 감성형(가슴형)에 가까우므로 '청각적 감성형 학습자'에 해당되며, 운동감각형은 행동형(장형)에 가까우므로 '운동감각적 행동형 학습자'에 해당됩니다. 그리고 유형에 따라 선호하는 배움의 방식이 다릅니다.

일반적으로 '시각적 이성형 학습자'는 텍스트(책)를 통해 배우고, 프레젠테이션이나 판서, 출력물 등 시각자료를 활용한 수업을 잘 이해하며, 학습플래너나 노트 정리를 선호합니다. '청각적 감성형 학습자'는 사람을 통해 배우고, 설명을 많이 하는 수업을 잘 이해하며, 파트너카드학습법을 선호합니다. '운동감각적 행동형 학습자'는 놀이(체험)를 통해 배우고, 실험이나 체험 중심의 수업을 잘 이해하며, 조별 토론이나 발표, 실습을 선호합니다. 이제 왜 공부하는 모습이 각기 다른지 이해가 되었을 것이고, 왜 어떤 친구는 책과 친하고, 다른 친구는 사람과 친하며, 또 다른 친구는 책과 인연이 없는지도 이해가 될 겁니다.

자신의 학습자유형을 알게 되었다면 그에 맞는 효과적인 공부방법을 찾아야 합니다. '시각적 이성형 학습자'라면 혼자 조용한 공부방이나 독서실에 앉아서 공부한 내용을 노트에 정리해보고, 머릿속으로 다시 떠올리면서 공부하는 방법이 잘 맞습니다. '청각적 감성형 학습자'라면 집에서 형제와 함께 이야기를 나누면서 공부하거나 음악이 흐르는 분위기 좋은 카페나 북카페 형태의 독서실에서 공부한 내용을 묻고 답하면서 공부하는 방법이 잘 맞습니다. '운동감각적 행동형 학습자'라면 친구들과 함께 동아리나 스터디그룹을 만들어서 토론과 발표, 공연 등으로 참여하면서 공부하는 방법이 잘 맞습니다. 특히 가능하면 리더를 맡고, 게임식으로 친구들과 암기 배틀을 벌이거나 공부 관련 대회에 도전해보는 것도 좋은 방법입니다. 가만히 앉아서 공부하기 힘든 스타일이니 노는 것처럼 공부할 수 있는 방법을 적극적으로 찾아보는 것이 좋습니다.

절대적인 공부방법은 없습니다. 그리고 다른 사람이 성공한 방법이라고 해서 나에게도 효과가 있을 거란 보장도 없습니다. 자신의 학습자유형을 잘 파악해서 어떤 방법이 잘 맞는지 '자신만의 맞춤식 공부방법'을 찾는다면 공부를 놀이처럼 즐길 수 있게 될 거라 믿습니다.

스마트 우등생이 되기 위해
알아두면 좋을 여러 가지 SMART

'스마트(SMART)'라고 하면 무엇이 떠오르나요? 전화기, 교복, TV, 자전거, 청소기 등의 물건이 먼저 생각나지 않나요? 사전을 찾아보면 스마트에는 '똑똑한', '영리한', '현명한', '머리가 좋은', '단정하고 맵시가 있는' 등의 뜻이 담겨져있습니다. 우등생과 스마트한 모습이 일맥상통하는 부분이 있는 것 같지 않나요? SMART와 관련해 어떤 것들이 있는지 함께 알아보겠습니다.

미래학자 최윤식 소장은 《2020 부의 전쟁》에서 21세기 스마트 시대의 'SMART 인재상'을 제시한 바 있습니다. 첫째, 'S'는 감각/통찰력(Sense)을 뜻하며, 감성지수(EQ, Emotional Quotient)와 관련이 있습니다. 둘째, 'M'은 사고력(Method)을 뜻하며, 지능지수(IQ,

Intelligence Quotient)와 관련이 있습니다. 셋째, 'A'는 창의력(Art)을 뜻하며, 창의지수(AQ, Art Quotient)와 관련이 있습니다. 넷째, 'R'은 관계력(Relationship)을 뜻하며, 인맥지수(NQ, Network Quotient)와 관련이 있습니다. 다섯째, 'T'는 기술응용력(Technology)을 뜻하며, 소통지수(CQ, Communication Quotient)와 관련이 있습니다. 즉, 21세기 SMART 인재가 되려면 통찰력과 사고력, 창의력, 관계력, 기술응용력을 갖춘 '正'자형 인간이 되어야 한다는 의미입니다.

21세기의 'SMART 인재'가 되려면 홍수처럼 쏟아지는 지식과 정보를 효과적으로 다룰 수 있는 'SMART 러닝(Learning)'으로 학습 능력을 향상시켜야 합니다. 즉, 구분(Separation), 암기(Memorization), 이해(Apprehension), 반복(Repetition), 훈련(Training) 등 5가지 키워드를 장착한 'SMART 러너(Learner)'로 변신해야 한다는 것입니다. 'SMART 러닝(Learning)'에는 '구분과 반복, 이해와 암기(구반이암)'라는 공부의 4가지 핵심 키워드가 포함되어있습니다. 쉽게 말해 공부는 '구분하고 반복해서 이해하고 암기하는 것'이라고 할 수 있습니다. 그리고 공부를 하고 나서 시험을 통해 평가를 하게 되는데, 평가의 내용은 결국 누가 구분과 반복을 잘해서 공부를 하고 '이해되고 암기된 것이 얼마나 되는가?'를 다룹니다. 따라서 공부를 잘하려면 '구반이암'을 반드시 알아야만 합니다.

목표달성을 위한 'SMART 원칙'이라는 것도 있습니다. 첫째, 구체적(Specific). 목표는 구체적이어야 합니다. '미국 IVY 리그 유명 대학의 이공계 학과에 들어갈 것이다'라는 목표보다는 '하버드 대학교 물리학과에 장학생으로 들어갈 것이다'라는 목표가 더 구체적이지요. 둘째, 측정 가능한(Measurable). 목표는 측정 가능한 것이어야 합니다. 과학고등학교에 들어가기 위해 '토플 점수를 높이고 과학경시대회에서 우수한 성적을 낸다'보다는 'IBT 토플 110점을 받고 한국 물리올림피아드에서 1위로 입상한다'라는 목표가 더 좋습니다. 셋째, 실천적(Action oriented). 목표는 실천적인 것이어야 합니다. 'IBT 토플 110점을 받기 위해 영어로 된 책을 많이 읽고, 영어 테이프를 많이 듣고, 영어로 말하는 시간을 늘리고, 영어로 글을 쓴다'보다는 《해리포터》 영어 원서를 읽고, IBT 토플 대비 어학 교재를 매일 아침 30분씩 듣고, 외국인 친구인 마이클과 일주일에 한 번 만나서 30분 이상 이야기하고, 매일 영어로 일기를 쓴다'라는 목표가 더 좋습니다.

넷째, 현실적(Realistic). 목표는 실현 가능성이 있어야 합니다. '과학경시대회에 나가기 위해 학교를 쉬면서 과학실험에 몰두한다'보다는 '물리올림피아드에 나가기 위해서 경시대회 대비반을 운영하는 학원에 등록하여 일주일에 세 번 집중적으로 공부한다'라는 목표가 더 좋습니다. 다섯째, 마감시간이 있는(Timely). 적합한 시간에 목표달성을 하지 못하면 가치를 인정받을 수 없습니다. 따라서 'IBT 토플 110점을 받겠다'라는 막연한 목표보다는 '올해 12월까지

IBT 토플 100점을 넘고 내년 6월 말까지 110점을 받겠다'라는 마감시간이 정해진 목표가 더 좋습니다.

지금까지 예로든 'SMART' 외에 또 어떤 'SMART'가 있을까요? 공부를 잘하는 것과 관련이 있는 영어단어나 어구 중에서 'S, M, A, R, T'로 시작하는 것들을 찾아본 다음에 순서대로 조합해보면 어떨까요? 예를 들어 'S'로 시작하는 단어나 어구에는 절제(Self-control), 성공하다(Succeed), 자신의 계획에 대해 자신감을 갖기(Self confidence of own plan) 등이 있고, 'M'으로 시작하는 단어나 어구에는 동기(Motivation), 기억하다(Memorize), 학습전략으로 관리하다(Manage with learning strategy) 등이 있으며, 'A'로 시작하는 단어나 어구에는 실행(Action), 항상 실천하다(Always Act), 실천적으로 행동하기(Act practically) 등이 있고, 'R'로 시작하는 단어나 어구에는 반응(Reaction), 반복하다(Repeat), 행동에 대해 반성하다(Reflect on action) 등이 있으며, 'T'로 시작하는 단어나 어구에는 협력(Teamwork), 최고가 되다(The best), 진정한 꿈을 이루다(Take a true dream) 등이 있습니다.

자기주도학습의 관점에서 'SMART 인재'를 단순한(Simple), 방법(Method), 예술적(Artistic), 반복(Repetition), 명품인재(Tops)로 정리하면 어떨까요? 단순한 방법을 활용해 예술적으로 반복하는 명품인재가 바로 'SMART 인재'라고 한다면 멋지지 않나요?

상처 없는 독수리는 없다

있는 그대로의 자신을 받아들여라

중학교 2학년이 된 규석이는 학교에서 친구들과의 교류가 없었습니다. 수업시간에도 학습 의욕이 없으며, 무기력한 모습을 자주 보였지요. 쉬는 시간에도 혼자서 화장실에 있거나 수업시간에 빠지는 일도 종종 있었습니다. 그러다 보니 학교에서는 물론 가정에서도 문제아로 지적되어 삶의 의욕이 없었습니다.

규석이는 초등학생 시절에 축구부 선수였습니다. 대회에 나가서 우승도 하고 MVP 상도 받았어요. 하지만 6학년 때 경기 중 발목을 다치고 난 후 일상생활에는 지장이 없지만 선수생활은 더 이상 못하게 되었습니다. 그래서 지금 규석이는 자신이 가치가 없고 쓸모없는 사람이라고 생각합니다. 공부도 못하고, 잘하는 것도 없고, 앞으로 무엇을 해야 할지도 모르겠다고 하네요. 규석이에게 들려주고 싶은 이야기가 있습니다.

먹이를 사냥하다가 실수로 날개를 크게 다친 독수리가 있었다. 그는 벼랑 위에서 아픈 곳을 보듬으면서 깊은 생각에 잠겼다. 그러다가 날개를 퍼덕이면서 다시 하늘로 날아오르기 위한 시도를 했다. 하지만 다친 날개로는 고통이 너무 심해서 날아오를 수가 없었다. 시름에 잠긴 독수리는 생각했다.

'독수리가 하늘 높이 날 수 없다는 것은 더 이상 살아갈 가치가 없다는 것이 아닐까?'

그는 날기를 포기하고 지난 추억에 잠겼다. 기억을 더듬어가다가 태어나자마자 자신과 형제들을 벼랑 아래로 떨어뜨렸던 아버지가 떠올랐다. 형제들 가운데서 유일하게 살아남자 그에게 뺨을 비비면서 기뻐하던 아버지의 모습이 생생했다. "넌 위대한 독수리가 될 자격이 충분하다"라는 말이 귓가를 맴돌았다. 그러나 아버지에 대한 그리움보다는 위대한 독수리로 살아갈 수 없게 된 상처의 아픔이 더욱 컸다.

'나는 새들의 왕이었는데, 이젠 땅을 기어다니는 닭보다도 못한 처지가 되었어. 이렇게 사느니 차라리 죽는 게 나아.'

그는 벼랑 아래에 수북이 쌓여있는 죽은 독수리의 뼈들을 오랫동안 내려다보았다. 그러다가 결심을 한듯이 벼랑 아래로 뛰어내리려고 몸을 잔뜩 웅크렸다. 바로 그때 어디선가 대장독수리가 나타나 "잠깐!" 하고 소리쳤다. 그리고 물었다.

"형제여, 왜 자살을 하려고 하는가?"

"차라리 죽는 게 낫다고 생각해서요."

"그게 무슨 말인가, 왜 그런 생각을 하는가?"

"저는 더 이상 높이 날 수가 없어서 독수리의 명예를 잃어버렸습니다."

대장독수리는 한참 동안 말없이 그를 바라보다가 갑자기 보란듯이 날개를 활짝 폈다. 그의 몸은 여기저기 상처가 나있었다.

"나를 봐! 내 몸도 이렇게 상처투성이란다. 상처없는 독수리가 어디 있겠느냐?"

자살하려고 했던 독수리가 부끄러운듯 고개를 숙이자 대장독수리가 조용히 말을 이었다.

"이건 겉으로 보이는 상처일 뿐이고, 내 마음의 상처는 이것보다 더 많단다. 내가 도와줄 테니 일어나서 함께 날아보자. 상처 없는 독수리는 세상에 태어나자마자 죽어버린 독수리뿐이다."

살다보면 좋을 때도 있지만, 한없이 불행하고 죽고 싶은 맘이 들 때도 없지 않습니다. 그렇지만 그래도 살 만한 가치가 있는 것이 우리 인생입니다. 내가 무엇을 해서 좋은 사람이 되기보다는 있는 그대로의 자신을 받아들일 수 있다면 지금보다 훨씬 더 보람되고 확신에 찬 삶을 살게 될 것이라 믿습니다.

시인 박노해 선생님의 〈굽이 돌아가는 길〉이란 시에 이런 어구가 나옵니다.

"곧게 뻗은 나무들보다는 휘어 자란 소나무가 더 멋있어 보인다. 똑바로 흘러가는 물줄기보다는 휘청 굽이친 강줄기가 더 정답다. 일직선으로 뚫린 빠른 길보다는 산 따라 물 따라 가는 길이 더 아름답다. 곧은 길 끊어져 길이 없다고 주저앉지 말자. 돌아서지 말자. 우리가 살아있다는 건 아직도 가야 할 길이 있다는 것이다. 곧은 길만이 길이 아니다. 빛나는 길만이 길이 아니다. 굽이 돌아가는 길이 멀고 쓰라릴지라도 생을 두고 끝까지 가는 것이 길이다."

알 껍질을 뚫고 세상에 나온 병아리도 상처가 있고, 바위를 뚫고 싹을 틔운 꽃도 상처가 있으며, 번데기 껍질을 뚫고 하늘로 날아오른 나비도 상처가 있고, 근육질의 몸짱 스타도 근섬유에 상처가 있습니다. 넘어지고 깨져서 생긴 상처가 없는 사람은 없습니다. 성장하는 과정에서 생긴 상처를 영광스럽게 생각하길 바랍니다.

맺음말

함께 공부하며
플랜두씨 플라워 축제를 열어보세요

지금까지 공부의 씨앗인 '플랜두씨'를 활용해서 자기주도학습의 꽃을 피울 수 있는 방법에 대해 다양하게 살펴봤습니다. 그런데 아름다운 꽃은 그 자체로도 의미가 있지만 이름을 불러주는 사람이 있을 때 더욱 큰 의미가 있답니다. 어떻게 하면 플랜두씨 꽃으로 축제를 열 수 있을까요?

여러분 안에 숨어있던 공부의 씨앗인 '플랜두씨'가 긴 잠에서 깨어났는지 모르겠습니다. 음악과 여행, 영화, 운동, 독서 등 인생의 다섯 친구와 함께 하는 일상에도 플랜두씨가 있었고, 플랜두씨의 친구라고 할 수 있는 자연적 생각기술도 일상과 공부의 모든 순간에 있었으니 분명 여러분만의 플랜두씨를 깨웠을 거라 믿습니다.

플랜두씨의 싹을 틔우게 하기 위해 가족끼리 외식이나 쇼핑, 여행을 할 때 플랜두씨를 적용해봤나요? 서점에서 책을 살 때, 공원에서 농구를 할 때, 도서관에서 DVD를 볼 때, 놀이공원에서 놀이시설을 이용할 때도 플랜두씨를 한 번만 떠올렸다면 성공적인 선택이 되었을 겁니다.

플랜두씨의 꽃을 피우게 하기 위해 학습 동기를 부여하고, 시간 관리와 시험의 기술, 암기력과 집중력 향상법을 활용하며, 플랜두씨의 열매를 맺게 하기 위해 정리의 기술과 과목별 공부법, 3단계 학습법, 기억의 원리에 따른 공부법, 완전학습을 활용하길 바랍니다.

이렇게 자기주도학습을 위한 플랜두씨를 잘 실천했다면 꿈과 목표를 이룬 성공인의 습관도 자연스럽게 갖게 될 겁니다. 이제 진정한 성공의 의미를 생각해봐야 할 때가 왔습니다. 나 혼자 잘 먹고 잘 사는 것이 아니라 사람들과 더불어 함께 행복을 누리게 되었을 때 성공을 말할 수 있습니다. 나뿐만 아니라 다른 사람도 함께 행복할 수 있는 진정한 성공을 위해 '플랜두씨 플라워 축제'를 계획해보면 어떨까요?

우선 이 책에서 배운 내용을 잘 숙지하고 실천해서 자기주도학습의 꽃을 피우는 것이 중요합니다. 그러고 나서 여러분만의 성공 노하우를 주변 사람들에게 하나씩 알려주세요. 마치 민들레가 씨앗을 멀리 날려 보내듯이 말이나 글로 플랜두씨를 널리 퍼뜨리면 됩니다. 가정에서 가족들에게, 학교에서 친구들에게, 동아리에서 선후배들에게 플랜두씨를 퍼뜨리다 보면 자기주도학습의 꽃이 하나씩 늘어나는 것을 보게 될 겁니다.

자기주도학습의 꽃은 각자 나름의 성격과 학습성향에 따라서 색깔과 모양, 향기가 모두 다르다는 특징이 있습니다. 그리고 계절에 따라 피었다가 지는 것이 아니라 계절에 상관없이 시간이 지날수록 더욱 선명해집니다. 시간이 지날수록 각양각색의 자기주도학습의 꽃들이 꽃밭을 이루게 될 것이고, 그 꽃밭들이 모여서 커다란 정원을 만들 거라 기대합니다. 그때 사람들을 모두 초대해서 멋진 '플랜두씨 플라워 축제'를 여는 것은 어떨까요? 상상만 해도 기분이 좋아지지 않나요?

성공철학자 지그 지글러는 "정상에서 만납시다"라고 했습니다. 저는 여러분께 "플랜두씨 플라워 축제에서 반갑게 만납시다"라는 말을 하고 싶네요. 씨유 수운~

아자!

부록

차례

1. 활용 가이드 ··· 174

2. 공부습관 테스트 100 ··· 176

3. 학습 흥미태도 테스트 20 ··· 198

4. 학습자유형 테스트 24 ··· 202

5. 워크북 예시 ··· 206

　– 동기 관리 : 내가 생각하는 나의 모습 / 나만의 공부하는 이유 찾기 / 꿈 목록
　　(드림 리스트) 만들기 / 내 인생의 로드맵 작성하기 / 미래일기 쓰기 / 미래의
　　피라미드 그리기 / 성격과 흥미, 적성 파악을 통한 자기이해 / 고등학교와
　　대학교, 직업 등 진로진학목표 설정하기 / 이력서 작성하기

　– 학습 관리 : 책상과 친해지기 / '백만 달러짜리 습관' 스티커판 만들기 / 목표
　　달성을 위한 다짐 선언서 작성하기 / '월간 학습계획표' 작성하기 / '주간 학
　　습계획표' 작성하기 / '일간 학습계획표' 작성하기

　– 시간 관리 : '시간 관리 매트릭스' 작성하기 / '시간 사용 내역서' 작성하기 /
　　'학습계좌 내역서' 작성하기

　– 환경 관리 : 최적의 공부환경 만들기 / 집중력을 높이는 환경 만들기 / '환경
　　관리 매트릭스' 작성하기

　– 집중력 : 만점 자세 훈련 / 특정 글자 찾기 / 스톱워치 활용 훈련

　– 이해력 : 인코딩을 위한 낭독 훈련 / 디코딩를 위한 필사 훈련 / 씽킹을 위한
　　토론 훈련

　– 암기력 : 단어카드 만들기 / 개념카드 만들기 / 누적복습 활용하기

　– 정리의 기술 : 예습·수업·복습카드 만들기 / 쓰는 연습하기 / 많이 쓰는 약

어와 기호 익히기 / 4칸 완전학습노트 양식 활용하기 / 마인드맵노트 양식 활용하기 / 6칸 완전학습노트 양식 활용하기

   – 시험의 기술: 시험환경 적응을 위한 3분 테스트 / 시험계획 세우기 / 시험카드 만들기

   – 건강 관리: 식습관 체크하기 / 운동습관과 생활습관 체크하기 / 건강 증진을 위한 환경 만들기

6. 성격유형(에니어그램 성격검사) 분류표   … 252

7. 흥미유형(홀랜드 흥미검사) 분류표   … 254

8. 적성유형(다중지능검사) 분류표   … 256

9. 다양한 고등학교 종류   … 258

10. 다양한 대학교의 학과들   … 259

11. 다양한 직업의 세계   … 260

12. 공부에 관한 명언 100선   … 262

활용 가이드

1. 이 워크북은 자기주도학습을 실천하려는 학생들에게 실질적인 도움을 주고자 기획되었습니다.

2. 이 워크북은 기억과 학습의 원리를 바탕으로 개발되었으므로 학습활동 시트를 꾸준히 활용하기만 하면 좋은 공부습관을 기를 수 있습니다.

3. 워크북을 활용하기 전에 '활용 가이드'부터 읽는 것이 좋으며, '공부습관 테스트 100(추천)'이나 '학습 흥미태도 테스트 20(약식)', '학습자유형 테스트 20(약식)'을 통해 자신의 학습 수준과 성향을 파악한 후에 '학습활동 가이드'의 안내에 따르면 더욱 좋습니다.

4. 이 워크북은 총 42가지의 학습활동으로 구성되어 있으므로 주 1회씩 실천하면 12개월 정도의 분량이고, 주 2~3회씩 실천하면 6개월, 주 5회씩 매일 실천하면 8주 분량이니 참고하기 바랍니다.

5. 공부를 하기 전에 학습활동으로 '생각 열기'의 빈 칸 제목을 보고 떠오른 생각을 자유롭게 적습니다. 맨 위에 있는 '공부명언'의 빈 칸도 워크북의 마지막 〈명언 100선〉을 참고해서 채우면 좋습니다.

6. 공부를 한 후에 학습활동으로 '일시(공부한 날짜와 시간)'와 '제목'을 적고, 활동목표를 확인합니다. 주제별 양식에 맞춰서 해당 학습활동을 합니다. B유형과 C유형의 경우 활동팁을 참고해서 응용합니다. 맨 아래에 있는 '생각 정리'의 빈 칸에 학습활동을 한 후의 생각과 느낌을 적으면서 마무리 합니다. 좀 더 자세한 내용은 예시를 참고하기 바랍니다.

7. 이 워크북에 소개된 내용 중에서 이해가 잘되지 않는 부분이 있거나 좀 더 구체적인 내용과 사례가 필요하다면 관련 추천서를 읽거나 추천 교육에 참여하기 바랍니다. 추천서로는 《머리에 쏙쏙 카드 암기법/마이웹》, 《공부고민 50문 50답/경향BP》, 《진짜 공신들의 노트정리법/더디퍼런스》 등이 있고, 추천 교육으로는 실습 중심의 카드학습법 워크숍이나 청소년 자기주도학습 집중 과정, 청소년 학습코칭 캠프 등이 있습니다.

상담문의: 코리아에듀테인먼트 http://www.zinbook.co.kr
Tel. 070-4064-8503

공부습관 테스트 100

테스트를 시작하기 전에

이 테스트는 평소 여러분의 공부하는 방법, 요령, 마음가짐, 습관, 태도 등을 알아보기 위한 검사입니다. 시험을 보는 것이 아니라 가벼운 마음으로 평소 공부 스타일과 장단점을 살펴보는 것이므로 부담을 가질 필요는 없습니다.

공부하는 습관과 태도는 사람에 따라 다르며, 이 검사에서는 좋은 답과 나쁜 답, 맞는 답과 틀린 답이 없습니다. 그러므로 검사 문항을 잘 읽고 가장 먼저 떠오르는 생각을 '○/×'로 솔직하게 답하면 됩니다.

이 검사는 동기 관리, 학습 관리, 시간 관리, 환경 관리, 집중력, 이해력, 암기력, 정리의 기술, 시험의 기술, 건강 관리 등 10개 항목(항목 당 10문제) 총 100개의 질문으로 이루어져 있습니다. 답하는 요령은 질문을 하나씩 차례대로 읽어가면서 그것이 평소 자기 자신이 공부할 때의 요령, 습관, 생각과 맞다면 'O', 틀리다면 '×'를 빈 칸에 표시하면 됩니다.

이 검사는 시간이 제한되어있지는 않습니다. 그러나 가능한 한 빨리 답하고, 한 문제라도 답하지 않고 넘어가는 일이 없도록 주의하시기 바랍니다. 보통 10~15분 정도면 모든 문제를 충분히 소화할 수 있을 것입니다.

자 그럼 지금부터 시작해볼까요?

동기 관리

1. 나는 장래에 꼭 이루고 싶은 인생의 목표나 꿈이 있다.   A (○ / ×)

2. 학교 공부는 앞으로 내가 원하는 직업을 선택하는 데   B (○ / ×)
   별로 도움이 되지 않는다.

3. 공부를 열심히 해야만 하는 나만의 확실하고 구체적인   A (○ / ×)
   이유가 있다.

4. 공부를 열심히 했는데 시험점수가 좋지 않은 것은 내   B (○ / ×)
   잘못이 아니다.

5. 공부는 부모님이나 선생님이 아니라 나를 위해서 하는   A (○ / ×)
   것이다.

6. 나보다 공부를 잘하거나 잘난 친구를 보면 이유 없이   B (○ / ×)
   미울 때가 있다.

7. 부모님이나 선생님이 시키지 않아도 스스로 혼자 공부   A (○ / ×)
   할 때가 있다.

8. 내 주변에는 앞으로의 진로에 대해 의논할 상대가   B (○ / ×)
   없다.

9. 나는 내 적성과 능력을 잘 알고 있는 편이다.   A (○ / ×)

10. 공부와 성적에 대한 고민과 스트레스 때문에 자살을   B (○ / ×)
    생각해본 적이 있다.

학습 관리

1. 수업에 들어가기 전에 배운 내용과 배울 내용을 생각해   A (○/×)
본다.

2. 학원과 과외 때문에 스스로 공부할 수 있는 시간이 항   B (○/×)
상 모자라는 편이다.

3. 교과서나 책을 볼 때 요점을 찾아가면서 본다.   A (○/×)

4. 학원과 과외 선생님이 내주신 숙제를 하기에도 벅차다.   B (○/×)

5. 참고서나 학원, 과외를 선택할 때는 부모님, 선생님과   A (○/×)
상의 후에 결정한다.

6. 공부를 하기 싫거나 졸릴 때는 공부하지 않는 것이 옳   B (○/×)
은 일이다.

7. 과목별로 효과적인 학습방법을 알고 있다.   A (○/×)

8. 나는 예습과 복습은 하지 않는 편이다.   B (○/×)

9. 공부를 하다가 모르는 것이 있으면 질문을 잘 하는 편   A (○/×)
이다.

10. 게임이나 운동, 취미생활, 친구들, 하고 싶은 일 때문   B (○/×)
에 공부하지 못할 때가 있다.

시간 관리

1. 시간계획표를 작성할 때 공부할 시간을 미리 정한 다음 다른 것을 생각한다.   A (○/×)

2. 공부시간표가 따로 없고 마음 내키는 대로 공부한다.   B (○/×)

3. 공부하기 전에 공부할 과목, 분량, 시간에 대해 미리 계획을 세워둔다.   A (○/×)

4. 공부시간표를 만들지만 계획대로 실천이 잘 안 된다.   B (○/×)

5. 텔레비전은 정해진 시간에만 보고, 노는 것도 정해진 시간에만 한다.   A (○/×)

6. 계획을 효과적으로 실천했는지 주기적으로 점검해보지 않는다.   B (○/×)

7. 등하교시간이나 쉬는 시간과 같은 잠깐의 시간에도 공부를 하려고 노력한다.   A (○/×)

8. 갑자기 특별한 일이 생기면 계획을 쉽게 바꾸는 편이다.   B (○/×)

9. 주말이나 공휴일에는 따로 공부할 계획을 세운다.   A (○/×)

10. 시간은 항상 주어지는 것이기 때문에 아깝다는 생각이 들지 않는다.   B (○/×)

환경 관리

1. 공부방과 책상 위 등을 항상 깔끔하게 정리·정돈 하는 A (○/×)
   편이다.

2. 싫어하는 선생님이나 괴롭히는 친구가 있어서 학교에 B (○/×)
   가기 싫다.

3. 집, 학교, 도서관, 독서실 중에서 공부가 잘되는 나만의 A (○/×)
   공부장소가 있다.

4. 친구들과 어울리느라 숙제나 공부를 하지 못할 때가 B (○/×)
   있다.

5. 휴대폰이나 컴퓨터 사용, 친구들과 함께하는 운동 등은 A (○/×)
   적절한 편이다.

6. TV를 시청하거나 음악을 듣거나 해서 공부를 하지 못 B (○/×)
   할 때가 있다.

7. 부모님이나 선생님과 대화를 잘하는 편이다 A (○/×)

8. 집안에 대한 걱정이 많고 가족들이 공부에 방해되기 때 B (○/×)
   문에 집에 들어가기가 싫다.

9. 마음이 잘 통하고 나를 이해해주는 친한 친구가 세 명 A (○/×)
   은 된다.

10. 공부가 잘되는 곳을 찾기 위해 노력하기보다는 집중 B (○/×)
    하는 것이 더 낫다.

집중력

1. 나는 최소한 1시간 이상 집중해서 공부할 수 있다.　　　　A (○/×)

2. 공부하는 중에 잡념이 많아서 10분 이상 집중하기 힘　　B (○/×)
   들다.

3. 집중력 향상을 위한 나만의 방법이 있다.　　　　　　　A (○/×)

4. 부모님이나 선생님에게 말하지 못할 고민과 걱정거리　　B (○/×)
   가 있다.

5. 무엇을 기억해야 할 때는 정신을 집중하기 위해 노력　　A (○/×)
   한다.

6. 공부하기 전에 들었던 음악이나 보았던 장면이 떠올라　　B (○/×)
   집중하기 어렵다.

7. TV를 볼 때나 게임, 운동, 만화책에 열중할 때 누가 불　　A (○/×)
   러도 모를 때가 있다.

8. 주변에서 나는 조그만 소리에도 신경이 거슬려서 집중　　B (○/×)
   하기 어렵다.

9. 집중이 잘되어서 공부를 평소보다 많이 할 수 있었던　　A (○/×)
   경험이 있다.

20. 집중력이 없어도 암기만 잘하면 공부를 잘 할 수 있다.　　B (○/×)

이해력

1. 어릴 때부터 책을 좋아했고 평소에도 책을 많이 읽는   A (○/×)
   편이다.

2. 책을 읽을 때 어렵거나 이해가 안되는 부분이 많다.   B (○/×)

3. 책을 읽기 전에 목차와 학습목표, 주제를 반드시 확인   A (○/×)
   한다.

4. 이해가 잘되지 않으면 그냥 암기를 하는 것이 좋다고   B (○/×)
   생각한다.

5. 수업 중에 선생님이 설명하는 내용을 대부분 이해할 수   A (○/×)
   있다.

6. 이해가 되지 않으면 그냥 다음 내용으로 넘어가버린다.   B (○/×)

7. 책을 읽을 때 미리 전체 내용을 대충 한 번 훑어보고 읽   A (○/×)
   기 시작한다.

8. 책을 읽을 때 모르는 용어나 한자어가 많아서 무슨 뜻   B (○/×)
   인지 잘 모른다.

9. 책을 읽을 때 무엇을 이해해야 할 것인지를 생각하며   A (○/×)
   읽는다.

10. 어려운 단어나 용어가 나오면 사전이나 용어집을 찾   B (○/×)
    는 일이 거의 없다.

암기력

1. 암기가 잘되는 나만의 비법이 3가지는 된다.　　　　　A (○/×)

2. 평소에 머리가 좋다는 소리를 많이 듣는다.　　　　　B (○/×)

3. 한 번 암기한 내용은 잊어버리지 않기 위해 가끔 반복　A (○/×)
   한다.

4. 나는 머리가 좋기 때문에 한 번만 봐도 기억을 잘할 수　B (○/×)
   있다.

5. 암기한 내용은 보지 않고 써보거나 말해봄으로써, 암기　A (○/×)
   여부를 스스로 확인한다.

6. 무조건 반복해서 외우는 것이 암기의 가장 좋은 방법　B (○/×)
   이다.

7. 이해를 해야 하는 내용은 반드시 확실히 이해한 후에　A (○/×)
   암기한다.

8. 암기력을 높여주는 학습도구를 사용해본 적이 없다.　　B (○/×)

9. 암기사항은 한 번에 암기하려고 하지 않고, 여러 번에　A (○/×)
   걸쳐 암기되도록 한다.

10. 새로운 것을 기억할 때 이미 알고 있는 것과 관련짓지　B (○/×)
    않는다.

정리의 기술

1. 평소에 무엇이든 메모를 잘하는 편이다.　　　　　　A (○ / ×)

2. 노트 정리를 하지 않아도 시험 보는 데 큰 문제가 없다.　B (○ / ×)

3. 교과서나 책을 읽으면서 중요한 내용은 책의 빈 곳에　A (○ / ×)
　기록해둔다.

4. 쓰는 게 귀찮아서 노트 정리를 잘 하지 않는 편이다.　B (○ / ×)

5. 시험공부나 복습을 할 때는 노트를 보면서 학습한다.　A (○ / ×)

6. 수업 중에 기록한 노트를 잘 활용하지 않는다.　　　B (○ / ×)

7. 노트 덕분에 시험에서 좋은 점수를 받았던 경험이 있다.　A (○ / ×)

8. 친구들이 노트한 것을 빌리거나 복사하는 경우가 많다.　B (○ / ×)

9. 과목별로 필기와 정리가 잘되는 나만의 노트가 있다.　A (○ / ×)

10. 선생님이 칠판에 쓰는 것만 적고 말하는 것은 적지 않　B (○ / ×)
　　는다.

시험의 기술

1. 출제자의 의도와 출제 성향을 분석하고 시험을 준비   A (○/×)
한다.

2. 시험에 나온 아는 문제도 답을 틀릴 때가 있다.   B (○/×)

3. 시험 후에 과목별로 시험지를 분석해서 틀린 이유를 살   A (○/×)
펴본다.

4. 시험공부를 할 때 교과서는 별로 보지 않고 주로 전과   B (○/×)
나 참고서를 본다.

5. 시험지를 받으면 문제 전체를 훑어본 다음에 풀기 시작   A (○/×)
한다.

6. 한 문제에서 시간을 너무 오래 끌어 문제를 다 풀지 못   B (○/×)
할 때가 있다.

7. 시험문제를 다 풀고 나서 답을 맞게 썼는지 신중히 살   A (○/×)
펴본다.

8. 시험에 모르는 문제가 나오면 그냥 아무거나 찍는다.   B (○/×)

9. 첫 시간 시험이 끝나면 다음 시간만 생각한다.   A (○/×)

10. 답안지에 답을 밀려 써서 낭패를 본 경험이 있다.   B (○/×)

건강 관리

1. 하루 세끼 식사는 거르지 않고 먹는 편이다. A (○/×)

2. 몸이 약해 감기에 자주 걸리거나 지각, 결석, 조퇴를 할 B (○/×)
   때가 있다.

3. 몸에 이상이 있거나 아프면 즉시 병원이나 약국을 찾아 A (○/×)
   가 치료하려고 노력한다.

4. 아침에 일어날 때 몸이 무겁고 잠자리에서 벗어나는 데 B (○/×)
   오래 걸린다.

5. 매일 샤워를 꼬박이하는, 서느시 싫고 하는 편이나. A (○/×)

6. 잠이 부족해서 수업시간에 조는 경우가 많다. B (○/×)

7. 커피나 탄산음료, 패스트푸드를 즐겨 먹지 않는다. A (○/×)

8. 담배를 피우거나 술을 마셔봤다. B (○/×)

9. 항상 밝고 긍정적인 생각을 하며 잘 웃는 편이다. A (○/×)

10. 수험생 10대 질환(코질환, 두통, 만성피로, 요통, 잦은 감 B (○/×)
    기, 소화불량, 생리통, 과민성 대장증후군, 어깨결림, 변비)
    중 1가지 이상으로 공부에 지장이 있다.

결과 분석표: 테스트를 마친 후에

테스트를 받느라 수고 많았습니다.

이제 결과표를 함께 분석해볼까요?

1. 10개 문항 중에서 홀수는 긍정형 질문이고, 짝수는 부정형 질문입니다.

2. 우선 각 항목 홀수(1, 3, 5, 7, 9)의 'ㅇ' 개수를 세어서 'A'에 기록합니다.

3. 다음에 각 항목 짝수(2, 4, 6, 8, 10)의 '×' 개수를 세어서 'B'에 기록합니다.

4. A와 B를 더해서 '소계'를 기록합니다.

5. 점수를 모두 더해서 '총계'를 기록합니다.

• 동기 관리 (10문항)

A .... (ㅇ의 개수)

B .... (×의 개수)

점수 .... (10점 만점)

• 학습 관리 (10문항)

A .... (○의 개수)

B .... (×의 개수)

점수 .... (10점 만점)

• 시간 관리 (10문항)

A .... (○의 개수)

B .... (×의 개수)

점수 .... (10점 만점)

• 환경 관리 (10문항)

A .... (○의 개수)

B .... (×의 개수)

점수 .... (10점 만점)

• 집중력 (10문항)

A .... (○의 개수)

B .... (×의 개수)

점수 .... (10점 만점)

- 이해력 (10문항)

  A .... (○의 개수)

  B .... (×의 개수)

  점수 .... (10점 만점)

- 암기력 (10문항)

  A .... (○의 개수)

  B .... (×의 개수)

  점수 .... (10점 만점)

- 정리의 기술 (10문항)

  A .... (○의 개수)

  B .... (×의 개수)

  점수 .... (10점 만점)

- 시험의 기술 (10문항)

  A .... (○의 개수)

  B .... (×의 개수)

  점수 .... (10점 만점)

• 건강 관리 (10문항)

   A   .... (○의 개수)

   B   .... (×의 개수)

점수   .... (10점 만점)

학습법 테스트 총 점수 .... (100점 만점)

공부습관 테스트 체크 시트

학교:　　　　학년:　　　　이름:　　　　20　　년　　월　　일

항목	○ / × 체크												
동기 관리	1	2	3	4	5	6	7	8	9	10	A	B	소계
학습 관리	1	2	3	4	5	6	7	8	9	10	A	B	소계
시간 관리	1	2	3	4	5	6	7	8	9	10	A	B	소계
환경 관리	1	2	3	4	5	6	7	8	9	10	A	B	소계
집중력	1	2	3	4	5	6	7	8	9	10	A	B	소계
이해력	1	2	3	4	5	6	7	8	9	10	A	B	소계
암기력	1	2	3	4	5	6	7	8	9	10	A	B	소계
정리의 기술	1	2	3	4	5	6	7	8	9	10	A	B	소계
시험의 기술	1	2	3	4	5	6	7	8	9	10	A	B	소계
건강 관리	1	2	3	4	5	6	7	8	9	10	A	B	소계
총계													

	테스트 결과 그래프											
10												
9												
8												
7												
6												
5												
4												
3												
2												
1												
	동기 관리	학습 관리	시간 관리	환경 관리	집중력	이해력	암기력	정리의 기술	시험의 기술	건강 관리	평균	비고

평가

• **90점 이상**: 테스트 결과가 90점 이상으로 나왔다면 공부할 때 아주 효과적인 방법을 사용하고 있다고 할 수 있습니다. 학생의 경우는 지금까지 해오던 공부방법들을 그대로 유지하기 바랍니다. 그리고 이 워크북을 통해 자신이 모르고 있었던 방법들이 있다면 익혀두기 바랍니다.

• **80점 이상**: 테스트 결과가 80점 이상으로 나왔다면 아마도 상위권에 속하는 학생이라고 추측할 수 있습니다. 그럼에도 불구하고 학교성

적이 좋지 않다면 공부하는 시간을 다소 늘려보는 것이 좋을 것 같습니다. 혹시 자신이 모르고 있는 방법들이 있는지 이 워크북에서 제시하는 좋은 공부방법들 중에서 찾아보기 바랍니다.

• **70점 이상**: 테스트 결과가 70점 이상으로 나왔다면 공부를 잘할 수 있느냐 잘할 수 없느냐 하는 갈림길에 서있다고 볼 수 있습니다. 따라서 지금까지 해오던 공부방법들을 모두 한 번씩 체계적으로 점검해볼 필요성이 있습니다. 이 워크북의 내용을 잘 이해하고 실천한다면 많은 발전이 있을 것입니다.

• **60점 이상**: 테스트 결과가 60점 이상으로 나왔다면 공부습관이 좋지 않다고 할 수 있습니다. 공부하는 데 많은 시간을 투자해도 능률이 오르지 않으며, 비효과적인 방법으로 공부하기 때문에 시간이 갈수록 성적은 점점 떨어지게 됩니다. 아마도 효과적인 공부방법을 모르고 있을 거라 생각됩니다. 이 워크북의 내용이 당신에게 용기와 희망을 줄 것입니다.

• **60점 미만**: 테스트 결과가 60점 미만으로 나왔다면 공부를 어디서부터 어떻게 해야 할지를 모르고 있는 것 같습니다. 우선은 책상에 앉아있는 시간을 늘려야 합니다. 그리고 공부에 방해가 되는 가장 큰

요소부터 하나씩 제거해나가야 합니다. 처음부터 모든 것을 한꺼번에 바꾸려고 하지 말고 이 워크북에서 제시하는 학습방법 중에서 쉬운 것부터 하나씩 자기 것으로 만들어보기 바랍니다.

공부습관 테스트 활용법

자기주도학습은 자신의 학습능력이 어느 정도 수준인지 아는 것에서 시작됩니다. 학습능력 검사나 학습유형 검사를 통해 그 수준을 알 수 있지만 대부분 성격과 성향에 초점이 맞춰져있어서 추상적이고 불명확한 결과를 얻게 됩니다. 좀 더 구체적으로 학습능력을 파악하려면 실제 학생의 공부하는 모습(태도와 습관)에 조점을 맞추는 것이 좋습니다. 이런 취지로 개발한 것이 '공부습관 테스트'입니다.

공부습관 테스트는 동기 관리, 학습 관리, 시간 관리, 환경 관리, 집중력, 이해력, 암기력, 정리의 기술, 시험의 기술, 건강 관리 등 학습에 관한 큰 주제를 전반적으로 모두 다루고 있습니다. 정식 테스트는 주제당 10문항씩 총 100문항으로 구성되어있으며 'ㅇ/×' 형식의 간단한 질문들이기 때문에 15~20분 정도면 충분합니다(약식 테스트는 테마당 2문항씩 총 20문항, 5~6분 정도 소요).

공부습관 테스트는 보통 초등학생은 50점, 중학생은 60점, 고등학생은

70점 정도를 획득합니다. 이는 학년이 올라갈수록 공부를 하면서 나름 대로 터득한 공부방법과 노하우가 많아진다는 사실을 보여줍니다. 평균보다 점수가 높으면 학습능력이 우수한 것이고, 낮으면 떨어지는 것입니다. 하지만 점수가 낮다고 실망할 필요는 없습니다. 점수보다 더 중요한 것이 있기 때문입니다. 바로 자신이 잘하는 것과 못하는 것을 파악하고, 못하는 부분을 보완하는 것입니다.

모든 학생은 자신만의 독(항아리)을 갖고 있습니다. 공부한 만큼 성과를 거두는 우등생들은 독에 구멍이 없는 반면, 공부를 열심히 해도 성과를 못내는 학생들은 독에 구멍이 있습니다. 바로 공부습관 테스트 100개 문항 중에서 하나 이상의 구멍이 있는 것입니다. 안타깝게도 많은 학생들이 독에 물을 채우는 데만(학습 내용을 배우는 것) 관심을 두고 열심입니다. 학교에서 배우고, 학교 밖에서 또 배우지만 독의 구멍 때문에 모두 새어버리는 것이지요. 물을 채우기 전에 독에 난 구멍부터 메워야 합니다. 그래야 물을 가득 채울 수 있습니다. 공부습관 테스트로 독에 난 구멍을 메우면 학습효과를 높이고 공부한 만큼 성과를 낼 수 있으며, 목표달성시간을 앞당길 수 있습니다.

학습 능력을 향상 시키려면 우선 잘못된 학습습관 중에서 제일 쉽고 만만해 보이는 것을 1가지 선택하고 실천합니다. 보통 3주에서 1개월 정도면 1가지 습관을 만들 수 있습니다. 여유를 가지고 한 달에 하나씩 공부습관을 개선해나간다고 했을 때 1년이면 12개의 좋은 공부습관을 가질 수 있게 됩니다. 자신도 모르는 사이에 공부를 잘하는 사람으로 변신해있는 모습을 발견하고 깜짝 놀라게 될 것입니다. 공부습관 테스트는 한 번 하고 마는 것이 아니라 3~6개월 정도마다 다시 해보면서 지속적으로 점검해야 합니다.

○ 예시〉 공부습관 테스트 활용법

1. 테스트 항목을 다시 살펴보면서 10개 중에서 가장 취약한 항목을 하나 선택합니다.

2. 긍정형 질문(홀수)에 'Ⅹ'로 표시한 것과 부정형 질문(짝수)에 'ㅇ'로 표시한 문항 중에서 가장 쉽고 실천하기 쉬운 1개의 문항에 초점을 맞추고 3주 이상 집중합니다.

3. 하나의 습관이 바뀌면 다음 문항에 초점을 맞추고 3주 이상 집중합니다.

4. 몇 개월이 지나 취약한 항목이 보완되면 두 번째로 취약한 항목을 선택합니다.

5. 비슷한 방식으로 하나씩 습관을 바꾸다 보면 전반적인 공부습관이 좋아질 겁니다.

학습 흥미태도 테스트 20

이 검사는 총 20개의 질문으로 이루어져있습니다. 질문에 답하는 요령은 평소 자기 자신의 모습과 비슷하다면 'O', 비슷하지 않다면 '×'를 빈 칸에 표시하면 됩니다. 이 검사에는 시간 제한이 없습니다. 그러나 될 수 있는 대로 빨리 답하고, 한 문제라도 답하지 않고 넘어가는 일이 없도록 주의하길 바랍니다. 보통 2~3분 정도면 모든 문제를 충분히 소화할 수 있을 것입니다. 그럼 지금부터 시작해보세요.

1. 나는 미래의 모습을 구체적으로 그릴 수 있는 목표나 꿈이 있다. (   )

2. 나는 공부를 해야만 하는 나만의 이유가 있다. (   )

3. 나는 과목별 효과적인 학습방법을 몇 가지 알고 있다. (   )

4. 나는 모르는 내용이 있으면 질문을 하는 편이다. (   )

5. 나는 공부를 하기 전에 공부할 과목, 분량, 시간에 대해 미리 계획을 세운다. (   )

6. 나는 자투리시간을 잘 활용하려고 노력하는 편이다. (   )

7. 나는 공부할 때 책상 위를 깔끔하게 정리·정돈하는 편이다. (   )

8. 나는 선생님, 친구들과 대화를 잘하는 편이다. (   )

9. 나는 TV, 게임, 운동, 만화책 등에 열중할 때 누가 불러도   (   )
모를 때가 있다.

10. 나는 집중력 향상을 위한 방법을 몇 가지 알고 있다.   (   )

11. 나는 어릴 때 책을 좋아했고 평소에도 책을 즐겨 읽는 편   (   )
이다.

12. 나는 어려운 한자어나 용어가 나오면 사전을 찾는 편이다.   (   )

13. 나는 암기한 내용을 쓰기나 말하기로 여러 번 확인하는   (   )
편이다.

14. 나는 암기력 향상에 도움이 되는 학습도구를 사용해본   (   )
경험이 있다.

15. 나는 쓰는 것을 좋아해서 평소에 메모를 잘하는 편이다.   (   )

16. 나는 노트 정리를 잘하고, 공부할 때 활용하는 편이다.   (   )

17. 나는 시험에 나올 만한 내용을 파악한 후에 공부하는 편   (   )
이다.

18. 나는 시험점수를 올릴 수 있는 몇 가지 요령을 알고 있다.   (   )

19. 나는 건강에 대한 관심이 많은 편이다.   (   )

20. 나는 패스트푸드를 좋아하지 않고, 운동도 즐겨하는 편   (   )
이다.

● 평가

17~20개: 테스트 결과가 17개 이상으로 나왔다면 학습 흥미태도가 '매우 우수'하다고 할 수 있습니다. 이 워크북의 학습활동들을 해보면서 개선점을 하나씩 찾아보길 바랍니다.

13~16개: 테스트 결과가 13개 이상으로 나왔다면 '우수'한 학습 흥미태도를 갖고 있다고 할 수 있습니다. 자신의 장점을 유지하면서 보완해야할 점을 하나씩 추가해나간다면 좋은 결과가 있을 겁니다.

9~12개: 테스트 결과가 9개 이상으로 나왔다면 학습 흥미태도가 '보통'이라고 할 수 있습니다. 이 워크북의 학습활동들이 좋은 공부습관을 키우는 데 많은 도움이 될 겁니다.

5~8개: 테스트 결과가 5개 이상으로 나왔다면 '부족'한 학습 흥미태도를 갖고 있다고 할 수 있습니다. 이 워크북의 학습활동들을 해보면서 공부가 좀 더 즐거워질 겁니다.

0~4개: 테스트 결과가 4개 이하로 나왔다면 학습 흥미태도가 '매우 부족'한 편입니다. 이 워크북의 학습활동들을 해보면서 공부와 친해지는 계기를 만들어보기 바랍니다.

● 학습 수준에 따른 학습활동 가이드

학습 흥미태도 테스트 평가 결과가 '매우 우수' 수준이라면 초급과 중급보다는 고급에 해당되는 학습활동 중심으로 선택하는 것이 좋고, '우수' 수준이라면 중급에 해당되는 학습활동 중심으로, '보통' 수준이라면 처음부터 순서대로 학습활동을 하는 것이 좋습니다. '부족' 수준이라면 초급 중에서 자신이 원하는 것을 선택한 후 스스로 학습할 수 있도록 노력하고, '매우 부족' 수준이라면 초급 중에서 선택한 학습활동을 부모나 교사의 도움을 받으면서 하는 것이 좋습니다.

학습자유형 테스트 24

이 검사는 총 24개의 질문으로 이루어져있습니다. 답하는 요령은 질문을 하나씩 차례대로 읽어가면서 평소 자기 자신의 모습과 비슷한 것에 'ㅇ'를 빈 칸에 표시하면 됩니다. 이 검사는 시간이 제한되어있지는 않습니다. 그러나 될 수 있는 대로 빨리 답하고, 너무 고민하지 않도록 주의하길 바랍니다. 또한 같은 번호의 질문 중에서 가장 적합한 것 하나만 선택해야 합니다(예를 들어 1-1, 1-2, 1-3 중에서 하나만 선택). 보통 2~3분 정도면 모든 문제를 충분히 소화할 수 있을 것입니다. 그럼 지금부터 시작해보세요.

1-1. 아는 것이 많은 사람이 최고라고 생각한다. ( )

1-2. 친구가 많은 사람이 최고라고 생각한다. ( )

1-3. 돈이 많거나 좋은 물건을 많이 가진 사람이 최고라고 ( ) 생각한다.

2-1. 어떤 선택이나 결정을 할 때 혼자서 꼼꼼하게 따져보는 ( ) 편이다.

2-2. 어떤 선택이나 결정을 할 때 주변 사람들이 어떻게 하 ( ) 는지 분위기를 살피는 편이다.

2-3. 생각하기보다는 일단 부딪쳐서 선택하고 나서 뒷수습 ( ) 을 하는 편이다.

3-1. 고민이 있을 때는 혼자 조용히 있거나 한숨 자고 나면 　（　　）
　　　괜찮아진다.

3-2. 걱정거리가 있을 때는 부모님이나 친구들과 수다를 떨 　（　　）
　　　다보면 마음이 풀린다.

3-3. 스트레스를 받을 때는 배부르게 음식을 먹거나 땀을 흘 　（　　）
　　　리면서 운동하면 좋아진다.

4-1. 나중에 커서 전문 분야의 일을 할 수 있는 사람이 되고 　（　　）
　　　싶다.

4-2. 내가 좋아하고 존경하는 사람처럼 되고 싶다. 　（　　）

4-3. 성공해서 큰 부자가 되어 좋은 차와 집을 사고 싶다. 　（　　）

5-1. 눈으로 보는 것을 좋아하는 편이다. 　（　　）

5-2. 귀로 듣는 것을 좋아하는 편이다. 　（　　）

5-3. 직접 몸으로 해보는 것을 좋아하는 편이다. 　（　　）

6-1. 평소에 '좋게 보이는데?'와 같은 눈과 관련된 말을 많이 　（　　）
　　　하는 편이다.

6-2. 평소에 '좋게 들리는데?'와 같은 귀와 관련된 말을 많이 　（　　）
　　　하는 편이다.

6-3. 평소에 '해보면 좋겠는데?'와 같은 행동과 관련된 말을 　（　　）
　　　많이 하는 편이다.

7-1. PPT나 판서, 프린트물 등 시각자료가 많으면 수업 내용 　（　　）
　　　이 잘 이해된다.

7-2. 선생님이 구체적이고 자세한 설명을 해주셔야 수업 내　　(　　)
　　　용이 잘 이해된다.

7-3. 실험이나 실습, 체험 등을 많이 해봐야 수업 내용이 잘　　(　　)
　　　이해된다.

8-1. 어떤 물건을 조립해야 할 때 설명서부터 보는 편이다.　　(　　)

8-2. 어떤 물건을 조립해야 할 때 다른 사람의 설명부터 듣　　(　　)
　　　는 편이다.

8-3. 어떤 물건을 조립해야 할 때 일단 공구부터 가져와서　　(　　)
　　　이리저리 끼워 맞춰보는 편이다.

◦ 평가

우선 A유형에 해당되는 1-1, 2-1, 3-1, 4-1, 5-1, 6-1, 7-1, 8-1 번호의
'○' 개수(8개 중에 몇 개)와 B유형에 해당되는 1-2, 2-2, 3-2, 4-2, 5-2,
6-2, 7-2, 8-2 번호의 '○' 개수, C유형에 해당되는 1-3, 2-3, 3-3, 4-3,
5-3, 6-3, 7-3, 8-3 번호의 '○' 개수를 확인합니다. 그리고 A유형과
B유형, C유형 중에서 제일 많은 '○' 개수가 나온 것이 자신의 가장 두
드러지는 유형입니다(만약 유형별 '○' 개수가 같은 것이 2개 이상이라면, 질
문지를 다시 한 번 살펴보면서 좀 더 가까운 쪽을 선택합니다).

학습자유형에 따른 학습활동 가이드

A유형은 '이성형 시각적' 학습자로서 머리의 지식 에너지를 주로 쓰고, 텍스트를 눈으로 보면서 배우는 것을 선호하며 공부를 좋아하는 편입니다. B유형은 '감성형 청각적' 학습자로서 가슴의 감정 에너지를 주로 쓰고, 사람들과 대화를 나누면서 배우는 것을 선호하며, 공부를 싫어하지는 않는 편입니다. C유형은 '행동형 운동감각적' 학습자로서 신체 에너지를 주로 쓰고, 직접 몸으로 배우는 것을 선호하며, 공부를 싫어하는 편입니다.

이 워크북은 총 42가지의 학습활동으로 구성되어있으며, 주제별로 초급과 중급, 고급이 제시되어있습니다. A유형은 혼자서도 공부를 잘 하는 편이라 대부분의 활동에 적합합니다. 하지만 함께 공부하기를 좋아하는 B유형과 공부보다는 만들기나 게임, 체험 등의 활동을 좋아하는 C유형은 유형별 특성을 고려해야 합니다. 따라서 활동시트 윗 부분의 활동팁을 참고해서 B유형과 C유형에게 적합한 방식으로 응용하는 것이 좋습니다.

워크북 예시

공부명언: 워크북 맨 뒤에 있는 공부명언 중에 하나를 골라서 그대로 적어봅니다.

		구분	주제	수준
일시	활동을 한 요일과 시간을 적습니다.	**제목**	활동의 제목을 확인합니다.	
활동목표	활동의 목표가 무엇인지 확인합니다.			
생각 열기	활동을 하기 전에 제목을 보고 떠오른 생각을 자유롭게 적습니다.			
활동팁	유형별 특성을 고려해 B유형과 C유형에게 적합한 방식으로 응용합니다.			

생각 정리: 활동을 하고 나서 기억나는 것과 느낀 점을 생각나는 대로 적어봅니다.

공부명언:

			구분	동기 관리	초급
일시	월 일 시	**제목**	내가 생각하는 나의 모습		
활동목표	현재 나의 모습을 그려봄으로써 나를 사랑하고 존중하는 마음을 가질 수 있습니다.				
생각 열기					
활동팁	B유형은 활동지를 짝과 바꾸어서 긍정적인 모습 중심으로 서로 상대방을 소개하는 활동을 하고, C유형은 자신있는 일이나 장점을 몸으로 표현하거나 연기하는 활동을 합니다.				

내가 좋아하는 걸
 _
 _
 _

내가 싫어하는 걸
 _
 _
 _

내가 자신 있는 일
 _
 _
 _

나의 장점
 _
 _
 _

나의 모습

내가 자신 없는 일
 _
 _
 _

나의 단점
 _
 _
 _

내가 좋아하는 과목
 _
 _
 _

내가 싫어하는 과목
 _
 _
 _

생각 정리:

공부명언:

	구분	동기 관리	초급

일시	월 일 시	**제목**	나만의 공부하는 이유 찾기
활동목표	닮고 싶은 사람이나 공부와 관련된 일을 생각해보면서 자신만의 공부하는 이유를 찾을 수 있습니다.		
생각 열기			
활동팁	B유형은 활동지를 짝과 바꾸어서 공부하는 이유에 대해 상대방을 인터뷰하는 활동을 하고, C유형은 닮고 싶은 사람의 특징을 흉내내거나 따라하는 활동을 합니다.		

내가 닮고 싶은 사람은?

공부를 하면서 내가 잘했다고 생각하는 일들은?

나의 공부 훼방꾼은?	공부하기 싫은 이유는?

공부를 계속 잘하기 위해서는 어떻게 해야 할까?

내가 공부하는 이유는?

생각 정리:

공부명언:

	구분	동기 관리	초급
일시	월 일 시	**제목**	꿈 목록(드림 리스트) 만들기
활동목표	자신이 원하는 꿈을 마음껏 생각해봄으로써 학습 동기유발을 할 수 있습니다.		
생각 열기			
활동팁	B유형은 활동지를 짝과 바꾸어서 꿈 목록에 대해 서로 자세하게 묻고 답하는 활동을 하고, C유형은 〈버킷 리스트〉 영화의 한 장면처럼 꿈을 이룬 모습을 몸으로 표현해봅니다.		

하고 싶은 일	갖고 싶은 것
☑	☐
☐	☐
☐	☐
☐	☐
☐	☐
☐	☐
☐	☐
☐	☐

가보고 싶은 곳	만나고 싶은 사람
☐	☐
☐	☐
☐	☐
☐	☐
☐	☐
☐	☐
☐	☐
☐	☐

생각 정리:

공부명언:

	구분	동기 관리	초급
일시	월 일 시 **제목**	내 인생의 로드맵 작성하기	
활동목표	자신이 어떻게 살아왔고 앞으로 어떻게 살고 싶은지 생각해봄으로써 자아존중감을 높일 수 있습니다.		
생각 열기			
활동팁	B유형은 활동지를 짝과 바꾸어서 인생로드맵에 대해 서로 자세하게 묻고 답하는 활동을 하고, C유형은 가장 기억에 남는 과거의 한 장면을 몸으로 표현해봅니다.		

내 인생의 로드맵			
나이	모습	나이	모습
1		16	
2		17	
3		18	
4		19	
5		20	
6		25	
7		30	
8		35	
9		40	
10		50	
11		60	
12		70	
13		80	
14		90	
15		100	

생각 정리:

공부명언:

		구분	동기 관리	초급
일시	월 일 시 **제목** 미래일기 쓰기			
활동목표	미래의 한 장면에 대해 일기를 써봄으로써 긍정적인 자아 이미지를 가질 수 있습니다.			
생각 열기				
활동팁	B유형은 활동지를 짝과 바꾸어서 미래일기에 대해 기자처럼 묻고 답하는 활동을 하고, C유형은 미래일기의 한 장면을 몸으로 표현해봅니다.			

사진 또는 그림
붙이는 곳

생각 정리:

공부명언:

			구분	동기 관리	초급
일시	월 일 시	**제목**	미래의 피라미드 그리기		
활동목표	사명과 꿈, 목표, 계획 등 구체적인 미래를 그려봄으로써 학습 의욕을 높일 수 있습니다.				
생각 열기					
활동팁	B유형은 활동지를 짝과 바꾸어서 미래의 피라미드에 대해 자세히 묻고 답하는 활동을 하고, C유형은 목표달성을 위해 꾸준히 해야 할 행동을 몸으로 표현해봅니다.				

미래의 피라미드

학교   학년   이름

• 나의 사명: 나는 어떤 사람이 되고 싶고, 어떻게 기억되고 싶은가?

사명

꿈

• 꿈의 목록: 되고 싶은 것, 하고 싶은 것, 갖고 싶은 것, 가고 싶은 곳 등

1.
2.   목표
3.
4.
5.   계획

• 목표: 꿈을 이루기 위해서 어떤 목표가 필요할지 생각해보세요.

1. 장기 목표(수십 년):

2. 중기 목표(수 년):

3. 단기 목표(1년 미만):

• 계획: 목표를 달성하기 위해 어떤 계획이 필요할지 생각해보세요.

1. 목표를 달성하기 위해 버려야 할 행동

①

②

③

2. 목표를 달성하기 위해 꾸준히 해야 할 행동

①

②

③

생각 정리:

공부명언:

		구분	동기 관리	초급

일시	월 일 시	제목	성격과 흥미, 적성 파악을 통한 자기이해
활동목표	성격과 흥미, 적성에 따른 유형을 통한 자기이해를 함으로써 진로의 방향성을 설정할 수 있습니다.		
생각 열기			
활동팁	B유형은 활동지를 짝과 바꾸어서 성격과 적성, 흥미에 대해 자세히 묻고 답하는 활동을 하고, C유형은 성격, 적성, 흥미가 다를 때 생길 수 있는 일을 연극으로 표현해 봅니다(뒷부분 자료 참고).		

	구분		유형별 특징 요약	추천 직업 중에서 3개 이상 선택
자기 이해	성격 유형			
	흥미 유형			
	적성 유형			
비고				

생각 정리:

공부명언:

		구분	동기 관리	초급
일시	월 일 시	**제목**	고등학교와 대학교, 직업 등 진로진학 목표 설정하기	
활동목표	다양한 고등학교와 대학교(학과), 직업의 종류를 통해 진로진학목표를 설정할 수 있습니다.			
생각 열기				
활동팁	B유형은 활동지를 짝과 바꾸어서 고등학교와 대학교, 직업에 대해 자세히 묻고 답하는 활동을 하고, C유형은 부모와 자녀가 희망하는 직업이 다를 때의 상황을 역할극으로 표현해봅니다(뒤 자료 참고).			

내가 가고 싶은 학교와 갖고 싶은 직업은?		
순위	1순위	2순위
직업명		
하는 일		
직업의 전망		
직업 선택을 위해서 진학하고 싶은 고등학교		
직업 선택을 위해서 진학해야 하는 대학과 학과		
직업을 갖기 위해서 갖추어야 할 자격이나 경력		
기타		

생각 정리:

공부명언:

		구분	동기 관리	초급

일시	월 일 시	**제목**	이력서 작성하기
활동목표	자신에 대한 다양한 정보를 담은 이력서를 작성해봄으로써 자아정체성을 확립할 수 있습니다.		
생각 열기			
활동팁	B유형은 활동지를 짝과 바꾸어서 이력서 내용에 대해 자세히 묻고 답하는 활동을 하고, C유형은 면접관과 지원자 역할을 나눠서 상황극을 연출해봅니다.		

나의 이력서			
한글 이름		한자 이름	
이름의 뜻			
나이		성별	
아버지 직업		어머니 직업	
별명		혈액형	
취미		특기	
주소			
좋아하는 음식			
싫어하는 음식			
기분이 좋을 때			
기분이 나쁠 때			
가족들과 자주 하는 일			
좋아하는 색깔			
성격			
친구들은 나를...			
부모님은 나를...			
담임 선생님은 나를...			

생각 정리:

공부명언:

	구분	학습 관리	초급

일시	월 일 시	제목	책상과 친해지기
활동목표	매일 분 단위로 책상에 앉아서 공부하는 시간을 확인함으로써 공부의 기본자세를 갖출 수 있습니다.		
생각 열기			
활동팁	B유형은 활동지를 짝과 바꾸어서 '책상과 친해지기' 내용에 대해 자세히 묻고 답하는 활동을 하고, C유형은 기간별로 공부하는 자세가 어떻게 바뀌었는지 몸으로 표현해봅니다.		

일\분	5	10	15	20	25	30	35	40	45	50	55	60	70	80	90	100	110	120	140	160	180	210	240	비고
1																								
2																								
3																								
4																								
5																								
6																								
7																								
8																								
9																								
10																								
11																								
12																								
13																								
14																								
15																								
16																								
17																								
18																								
19																								
20																								
21																								
22																								
23																								
24																								
25																								
26																								
27																								
28																								
29																								
30																								
31																								

생각 정리:

공부명언:

	구분	학습 관리	초급

일시	월 일 시	**제목**	'백만 달러짜리 습관' 스티커판 만들기
활동목표	목표로 정한 것들을 매일 실천하고 스티커로 확인함으로써 학습 관리의 기초를 다질 수 있습니다.		
생각 열기			
활동팁	B유형은 활동지를 짝과 바꾸어서 습관 스티커판 내용에 대해 자세히 묻고 답하는 활동을 하고, C유형은 목표달성 후 축하선물을 받게 되는 순간을 몸으로 표현해봅니다.		

요일 목표　　　　날짜	월 /	화 /	수 /	목 /	금 /	토 /	일 /	점수

목표 총 점수	점 이상
목표달성 후 축하선물	
참고 사항	• 스티커는 1장당 2점(총 100점 만점, 하루 14점 이내)이고, 매일 잠들기 전에 붙이는 것을 원칙으로 하며, 부득이한 경우 다음 날 아침까지 인정합니다. • 목표달성 후 축하선물은 스스로 적당한 금액 안에서 가능한 선물을 정해봅니다.

생각 정리:

공부명언:

	구분	학습 관리	중급

일시	월 일 시	제목	'목표달성을 위한 다짐 선언서' 작성하기
활동목표	구체적인 목표를 적고, 달성을 위한 다짐을 함으로써 실천 의지를 키울 수 있습니다.		
생각 열기			
활동팁	B유형은 활동지를 짝과 바꾸어서 '목표달성을 위한 다짐 선언서'의 내용에 대해 자세히 묻고 답하는 활동을 하고, C유형은 나를 위한 응원 메세지를 몸으로 표현해봅니다.		

나의 목표

목표달성 후 하고 싶은 일(갖고 싶은 것, 가고 싶은 곳)들은?

나와의 약속

나을 위한 응원 메시지

생각 정리:

공부명언:

	구분	학습 관리	중급

일시	월 일 시	제목	'월간 학습계획표' 작성하기
활동목표	달력에 한 달 동안 해야 할 중요한 일들을 기록하면서 학습 관리를 위한 청사진을 그릴 수 있습니다.		
생각 열기			
활동팁	B유형은 활동지를 짝과 바꾸어서 '월간 학습계획표' 내용에 대해 자세히 묻고 답하는 활동을 하고, C유형은 한 달 동안 계획한 활동 중에서 가장 기대되는 것을 몸으로 표현해봅니다.		

월						
월	화	수	목	금	토	일
/	/	/	/	/	/	/
/	/	/	/	/	/	/
/	/	/	/	/	/	/
/	/	/	/	/	/	/
/	/	/	/	/	/	/

생각 정리:

공부명언:

				구분	학습 관리	고급
일시	월 일 시		제목	'주간 학습계획표' 작성하기		
활동목표	'주간 학습계획표'에 일주일 동안 해야 할 일들을 기록하면서 구체적인 학습계획을 세울 수 있습니다.					
생각 열기						
활동팁	B유형은 활동지를 짝과 바꾸어서 '주간 학습계획표' 내용에 대해 자세히 묻고 답하는 활동을 하고, C유형은 일주일 동안 계획한 활동 중에서 가장 기대되는 것을 몸으로 표현해봅니다.					

주							
구분	월	화	수	목	금	토	일
06:00							
07:00							
08:00							
09:00							
10:00							
11:00							
12:00							
13:00							
14:00							
15:00							
16:00							
17:00							
18:00							
19:00							
20:00							
21:00							
22:00							
23:00							
24:00							

생각 정리:

공부명언:

			구분	학습 관리	고급
일시	월 일 시	**제목**	'일간 학습계획표' 작성하기		
활동목표	'일간 학습계획표'에 하루 동안 해야 할 일들을 기록하면서 세부적인 학습 계획을 세울 수 있습니다.				
생각 열기					
활동팁	B유형은 활동지를 짝과 바꾸어서 '일간 학습계획표' 내용에 대해 자세히 묻고 답하는 활동을 하고, C유형은 하루 동안 계획한 활동 중에서 가장 기대되는 것을 몸으로 표현 해봅니다.				

년 월 일		일일 성취도	점
오늘의 학습목표			
오늘할일 우선순위	1 2 3		

시간	계획	평가
:　～　:		☆☆☆☆☆
:　～　:		☆☆☆☆☆
:　～　:		☆☆☆☆☆
:　～　:		☆☆☆☆☆
:　～　:		☆☆☆☆☆
:　～　:		☆☆☆☆☆
:　～　:		☆☆☆☆☆

학습일기	
나에게 한마디	

생각 정리:

공부명언:

	구분	시간 관리	초급

일시	월 일 시	제목	'시간 관리 매트릭스' 작성하기
활동목표	'시간 관리 매트릭스'를 통해 긴급함과 중요함을 기준으로 해야 할 일의 우선순위를 정할 수 있습니다.		
생각 열기			
활동팁	B유형은 활동지를 짝과 바꾸어서 '시간 관리 매트릭스' 내용에 대해 자세히 묻고 답하는 활동을 하고, C유형은 우선순위를 무시했을 때 어떤 일이 생길지 역할극으로 표현해봅니다.		

	긴급함	긴급하지 않음
중요함	1. 중요하고 긴급함 (작은돌) • 공부와 관련 된 일 • 내일 시험 • 오늘까지 해야 하는 숙제 • • • • •	2. 중요하지만 긴급하지 않음 (큰돌) • 미리 준비하는 일 • 계획 세우기 • 학습법 배우기 • • • • •
중요하지 않음	3. 중요하지 않지만 긴급함 (모래) • 갑자기 생긴 일 • 걸려오는 전화 • 심부름 • • • • •	4. 중요하지도 않고 긴급하지도 않음(물) • 놀 거리와 즐길 거리 • 뒤로 미루기 • TV, 컴퓨터 게임, 만화책 • • • •

생각 정리:

공부명언:

	구분	시간 관리	중급

일시	월 일 시	제목	'시간 사용 내역서' 작성하기
활동목표	'시간 사용 내역서'에 매일 하는 일들을 기록하면서 자투리시간 활용계획을 세울 수 있습니다.		
생각 열기			
활동팁	B유형은 활동지를 짝과 바꾸어서 '시간 사용 내역서' 내용에 대해 자세히 묻고 답하는 활동을 하고, C유형은 하루 동안 했던 활동 중에서 가장 기억에 남는 것을 몸으로 표현 해봅니다.		

	시작	끝	내용	소요시간(분)
1일차	:	:		
	:	:		
	:	:		
	:	:		
	:	:		
2일차	:	:		
	:	:		
	:	:		
	:	:		
	:	:		
3일차	:	:		
	:	:		
	:	:		
	:	:		
	:	:		

계산	공부시간 = ( )분 / 노는 시간 = ( )분
Tip	3일 동안 연필과 수첩을 갖고 다니면서 자신의 활동 내용을 적고 시작하는 시간과 끝 나는 시간, 소요시간을 적어보세요. 예를 들면, 통학시간, 식사시간, 수업시간, TV, 컴 퓨터, 게임, 운동, 독서, 학원, 과외, 숙제, 친구, 전화, 빈둥거리기, 수면 등 구체적인 내용을 모조리 적는 것이 좋습니다.

생각 정리:

공부명언:

	구분	시간 관리	고급

일시	월 일 시	제목	'학습계좌 내역서' 작성하기
활동목표		'학습계좌 내역서'를 통해 시간을 황금(돈)처럼 귀하게 여기는 습관을 기를 수 있습니다.	
생각 열기			
활동팁		B유형은 활동지를 짝과 바꾸어서 '학습계좌 내역서' 내용에 대해 자세히 묻고 답하는 활동을 하고, C유형은 학습계좌에 모인 돈으로 무엇을 할지 몸으로 표현해봅니다.	

계 날짜	시간 금액	10분 600원	20분 1,200원	30분 1,800원	40분 2,400원	60분 3,600원	90분 5,400원	120분 7,200원	180분 10,800원	240분 14,400원	기타 원	목표 원
1												
2												
3												
4												
5												
6												
7												
8												
9												
10												
11												
12												
13												
14												
15												
16												
17												
18												
19												
20												
21												
22												
23												
24												
25												
26												
27												
28												
29												
30												
31												

비고		정산	원

생각 정리:

공부명언:

구분	환경 관리	초급

일시	월 일 시	**제목**	최적의 공부환경 만들기
활동목표	최적의 공부환경 만들기를 통해 방해요인을 극복하고 공부에 집중할 수 있습니다.		
생각 열기			
활동팁	B유형은 활동지를 짝과 바꾸어서 공부환경 만들기 내용에 대해 자세히 묻고 답하는 활동을 하고, C유형은 최적의 공부환경을 만들기 위해 방해요인을 하나씩 없애봅니다.		

공부가 잘되는 장소와 이유는? (학교, 집, 도서관, 독서실 중에서 생각해보세요)

자신의 방에서 공부를 방해하는 요인은? (그림이나 소리, 냄새 중에서 생각해보세요)

가족이나 형제, 친구 관계에서 문제가 생겼을 경우 해결방법은? (도움을 줄 만한 사람을 생각해 보세요)

최적의 공부환경을 만들기 위해 필요한 것들은? (조명, 벽지색깔, 온도와 습도, 환기 등을 생각 해보세요)

생각 정리:

공부명언:

			구분	환경 관리	중급
일시	월 일 시	**제목**	집중력을 높이는 환경 만들기		
활동목표	집중력을 높이는 환경 만들기를 통해 학습효과를 향상시킬 수 있습니다.				
생각 열기					
활동팁	B유형은 활동지를 짝과 바꾸어서 집중력을 높이는 환경 만들기 내용에 대해 자세히 묻고 답하는 활동을 하고, C유형은 집중력을 높일 수 있는 방법을 몸으로 표현해봅니다.				

누가 불러도 모를 정도로 집중할 때는? (내가 가장 좋아하는 것을 할 때를 생각해보세요)

공부할 때 주로 어떤 잡생각이 나는가? (어떤 생각 때문에 공부에 집중하지 못하는지 생각해보세요)

잡념이 떠오를 때는 어떻게 하면 좋은가? (잡념이 떠오를 때 다시 집중할 수 있는 방법을 생각해보세요)

집중력을 높일 수 있는 자신만의 방법은? (집중이 필요할 때 어떻게 하면 좋을지 생각해보세요)

생각 정리:

공부명언:

		구분	환경 관리	고급
일시	월 일 시	제목	'환경 관리 매트릭스' 작성하기	
활동목표	'환경 관리 매트릭스'를 통해 긍정적인 요소를 늘려서 학습효과를 향상시킬 수 있습니다.			
생각 열기				
활동팁	B유형은 활동지를 짝과 바꾸어서 '환경 관리 매트릭스'의 내용에 대해 자세히 묻고 답하는 활동을 하고, C유형은 부정적인 요소와 긍정적인 요소를 몸으로 표현해봅니다.			

순번 \ 목록	공부에 도움이 되는 환경요소	공부에 방해가 되는 환경요소	공부에 도움이 되는 나의 장점	공부에 방해가 되는 나의 단점
1				
2				
3				
4				
5				

공부환경 \ 나의 역량	나의 장점	나의 단점
공부에 도움이 되는 요소	나의 장점을 활용하여 공부에 도움을 줄 수 있는 방법들은? · · ·	나의 단점을 활용하여 공부에 도움을 줄 수 있는 방법들은? · · ·
공부를 방해하는 요소	나의 장점을 활용하여 공부를 방해하는 요소를 극복할 수 있는 방법들은? · · ·	나의 단점을 활용하여 공부를 방해하는 요소를 극복할 수 있는 방법들은? · · ·

생각 정리:

공부명언:

구분	집중력	초급

일시	월 일 시	**제목**	만점 자세 훈련
활동목표	만점 자세 훈련을 통한 집중력으로 학습효과를 향상시킬 수 있습니다.		
생각 열기			
활동팁	B유형은 만점 자세에 대해 자세히 묻고 답하는 활동을 하고, C유형은 만점 자세로 누가 오랫동안 있을 수 있는지 선의의 경쟁을 해봅니다.		

만점 자세 훈련방법

눈을 감고 허리를 곧게 펴서 의자의 등받이에 붙입니다.

3초간 코로 숨을 들이 마십니다.

2초간 숨을 멈춥니다.

15초 동안 입으로 천천히 내뱉습니다.

2분 동안 6세트를 합니다.

생각 정리:

공부명언:

		구분	집중력	중급
일시	월 일 시	**제목**	특정 글자 찾기	
활동목표	특정 글자 찾기를 통한 집중력으로 학습효과를 향상시킬 수 있습니다.			
생각 열기				
활동팁	B유형은 특정 글자 찾기에 대해 자세히 묻고 답하는 활동을 하고, C유형은 특정 글자를 누가 더 빨리 정확하게 찾을 수 있는지 선의의 경쟁을 해봅니다.			

특정 글자 찾기
교과서의 한 페이지를 정해서 '은, 는, 을, 를, 고, 나, 다' 등 특정 글자가 몇 개나 있는지 세어봅니다.

생각 정리:

공부명언:

		구분	집중력	고급
일시	월 일 시 **제목**	스톱워치 활용 훈련		
활동목표	스톱워치 활용 훈련을 통한 집중력으로 학습효과를 향상시킬 수 있습니다.			
생각 열기				
활동팁	B유형은 스톱워치 활용에 대해 자세히 묻고 답하는 활동을 하고, C유형은 스톱워치를 활용해 누가 제한시간 안에 문제를 많이 맞추는지 선의의 경쟁을 해봅니다.			

스톱워치 활용 훈련
교과서를 보거나 문제집을 풀 때 스톱워치로 시간을 체크하면서 공부합니다.

생각 정리:

공부명언:

		구분	이해력	초급
일시	월 일 시	제목	인코딩을 위한 낭독 훈련	
활동목표	낭독 훈련을 통해 이해력으로 학습효과를 향상시킬 수 있습니다.			
생각 열기				
활동팁	B유형은 낭독 훈련에 대해 자세히 묻고 답하는 활동을 하고, C유형은 낭독을 하면서 누가 더 낭랑한 목소리로 정확하게 읽는지 선의의 경쟁을 해봅니다.			

인코딩을 위한 낭독 훈련
책을 읽고 이해를 잘하려면 '인코딩(encoding, 인지/입력)'부터 심획해야 하느노 교과시를 낭녹합니다.

생각 정리:

공부명언:

				구분	이해력	중급

일시	월 일 시	제목	디코딩를 위한 필사 훈련		
활동목표	필사 훈련을 통해 이해력으로 학습효과를 향상시킬 수 있습니다.				
생각 열기					
활동팁	B유형은 필사 훈련에 대해 자세히 묻고 답하는 활동을 하고, C유형은 필사를 하며 누가 더 보기 좋게 베껴 쓰는지 선의의 경쟁을 해 봅니다.				

디코딩를 위한 필사 훈련
책을 읽고 이해를 잘하려면 '디코딩(decoding, 이해기억/저장)'이 되어야 하므로 교과서를 필사합니다.

생각 정리:

공부명언:

			구분	이해력	고급
일시	월 일 시	**제목**	씽킹을 위한 토론 훈련		
활동목표	토론 훈련을 통해 이해력으로 학습효과를 향상시킬 수 있습니다.				
생각 열기					
활동팁	B유형은 토론 훈련에 대해 자세히 묻고 답하는 활동을 하고, C유형은 토론을 하며 리더 역할을 맡아서 진행을 해봅니다.				

씽킹을 위한 토론 훈련
책을 읽고 이해를 잘하려면 '씽킹(thinking, 사고표현/출력)'이 되어야 하므로 교과서를 읽고 토론합니다. 토론방식은 7키워드 누익실 누본()나 1 대 1 찬반 누본() 휴과실입니다

생각 정리:

공부명언:

		구분	암기력	초급

일시	월 일 시	**제목**	단어카드 만들기
활동목표	단어카드 만들기를 통해 암기력으로 학습효과를 향상시킬 수 있습니다.		
생각 열기			
활동팁	B유형은 단어카드를 만든 후에 카드를 서로 바꿔서 묻고 답하는 활동을 하고, C유형은 단어카드를 만든 후에 카드 배틀 게임을 해봅니다.		

반복 □□□□□	
단어카드 만들기	팁: 국어 어휘로 단어카드를 만들어봅니다.

반복 □□□□□	
단어카드 만들기	팁: 영어 어휘로 단어카드를 만들어봅니다.

반복 □□□□□	
단어카드 만들기	팁: 한자 어휘로 단어카드를 만들어봅니다.

생각 정리:

공부명언:

			구분	암기력	중급
일시	월 일 시	**제목**	개념카드 만들기		
활동목표	개념카드 만들기를 통해 암기력으로 학습효과를 향상시킬 수 있습니다.				
생각 열기					
활동팁	B유형은 개념카드를 만든 후에 카드를 서로 바꿔서 묻고 답하는 활동을 하고, C유형은 개념카드를 만든 후에 카드 배틀 게임을 해봅니다.				

반복 □□□□□

개념카드 만들기

팁: 수학 개념으로 개념카드를 만들어봅니다.

반복 □□□□□

개념카드 만들기

팁: 사회 개념으로 개념카드를 만들어봅니다.

반복 □□□□□

개념카드 만들기

팁: 과학 개념으로 개념카드를 만들어봅니다.

생각 정리:

공부명언:

				구분	암기력	고급
일시	월 일 시		제목	누적복습 활용하기		

활동목표: 누적복습 활용하기를 통해 암기력으로 학습효과를 향상시킬 수 있습니다.

생각 열기:

활동팁: B유형은 누적복습 활용하기를 한 후에 서로 묻고 답하는 활동을 하고, C유형은 누적복습 활용하기를 누가 더 잘 하는지 선의의 경쟁을 해봅니다.

	예: 학습량(하루 10단어), 5회 반복으로 장기기억이 된 내용은 삭제.						
1일	1~10번 (1st)						
2일	1~10번 (2nd)	11~20번 (1st)					
3일	1~10번 (3rd)	11~20번 (2nd)	21~30번 (1st)				
4일	1~10번 (4th)	11~20번 (3rd)	21~30번 (2nd)	31~40번 (1st)			
5일	1~10번 (5th)	11~20번 (4th)	21~30번 (3rd)	31~40번 (2nd)	41~50번 (1st)		
6일	장기기억	11~20번 (5th)	21~30번 (4th)	31~40번 (3rd)	41~50번 (2nd)	51~60번 (1st)	
7일	장기기억	장기기억	21~30번 (5th)	31~40번 (4th)	41~50번 (3rd)	51~60번 (2nd)	61~70번 (1st)
Tip	한 단어당 5회 반복은 일반적인 완벽 암기 기준이며, 상황과 여건에 따라 조절이 가능합니다. 그리고 최대 50장까지 외우는 것이 가능한 이유는 두 번째 이상 보는 내용은 2초 이내에 암기의 유무를 확인만 하면 되기 때문입니다.						

생각 정리:

공부명언:

			구분	정리의 기술	초급
일시	월 일 시	**제목**	예습 · 수업 · 복습카드 만들기		
활동목표	예습 · 수업 · 복습카드를 만들면서 정리의 기술의 기초를 다질 수 있습니다.				
생각 열기					
활동팁	B유형은 활동지를 짝과 바꾸어서 카드식 정리법에 대해 자세히 묻고 답하는 활동을 하고, C유형은 카드식 정리법 활용을 위해 예습과 수업, 복습을 어떻게 할지 몸으로 표현해봅니다.				

반복 ☐☐☐☐☐

예습카드 만들기

팁: 예습하면서 생각난 내용으로 예습카드를 만들어보세요.

반복 ☐☐☐☐☐

수업카드 만들기

팁: 수업시간에 배운 내용으로 수업카드를 만들어보세요.

반복 ☐☐☐☐☐

복습카드 만들기

팁: 복습한 내용으로 복습카드를 만들어보세요.

생각 정리:

공부명언:

				구분	정리의 기술	초급

일시	월 일 시	제목	쓰는 연습하기
활동목표	낙서나 베껴 쓰기를 통해 노트에 쓰는 연습을 하면서 노트 정리에 익숙해질 수 있습니다.		
생각 열기			
활동팁	B유형은 활동지를 짝과 바꾸어서 쓰는 연습하기에 대해 자세히 묻고 답하는 활동을 하고, C유형은 노트 정리를 익숙하게 만드는 방법을 다양한 신체활동으로 표현해봅니다.		

마음대로 낙서하기 (생각나는 대로 아무 것이나 빈 공간에 써봅니다)

취미노트 만들기 (자신이 좋아하는 취미와 관련된 내용을 써봅니다)

교과서 베껴 쓰기 (교과서에 있는 내용 중에서 베껴 쓰고 싶은 부분을 옮겨 적습니다)

생각 정리:

공부명언:

		구분	정리의 기술	중급
일시	월　일　시	**제목**	많이 쓰는 약어와 기호 익히기	
활동목표	많이 쓰는 약어와 기호를 익힘으로써 노트 정리의 효과를 높일 수 있습니다.			
생각 열기				
활동팁	B유형은 활동지를 짝과 바꾸어서 약어와 기호에 대해 자세히 묻고 답하는 활동을 하고, C유형은 약어와 기호를 다양한 신체활동으로 표현해봅니다.			

많이 쓰는 약어와 기호	
☆　:　매우 중요 ※　:　주의 ex　:　예시(example) of　:　비교(confer/compare) vs　:　~대 etc　:　기타 등등(et cetera) sig　:　의미 있는(significant) bg　:　배경(background) imp　:　중요(importance) f　:　빈도(frequency) info　:　정보(information) def　:　정의(definition) sol　:　해법(solution) re　:　복습(review) a　:　다시 한 번(again) w/　:　~와(with) w/o　:　~없이(without) ?　:　의문사항 =　:　같다	≠　:　서로 다르다 ≒　:　비슷하다 〃　:　반복 ⌐　:　요약한다 &(+)　:　그리고 @　:　~에 O　:　맞다 X　:　아니다 →　:　그러므로 ∴　:　결론 ∵　:　이유 大(多)　:　큰(많은) 小(少)　:　작은(적은) 必　:　반드시 봐야 할 것 ↑↓　:　증가 감소 〈 〉　:　크다 작다 ∝　:　무한 반복 필요 !　:　아이디어 시험　:　시험에 출제되는 부분
마음에 드는 것 골라서 따라 써보기	마음에 드는 것 골라서 따라 써보기

생각 정리:

공부명언:

	구분	정리의 기술	중급

일시	월 일 시	제목	4칸 완전학습노트 양식 활용하기
활동목표	4칸 완전학습노트 양식을 활용함으로써 완벽한 이해와 암기를 기대할 수 있습니다.		
생각 열기			
활동팁	B유형은 활동지를 짝과 바꾸어서 4칸 완전학습노트 양식에 대해 자세히 묻고 답하는 활동을 하고, C유형은 이해하고 암기한 내용을 몸으로 표현해봅니다.		

수업 내용	이해
요약	암기

생각 정리:

공부명언:

			구분	정리의 기술	고급
일시	월 일 시	제목	마인드맵노트 양식 활용하기		
활동목표	마인드맵노트 양식을 활용함으로써 노트 정리의 효과를 크게 높일 수 있습니다.				
생각 열기					
활동팁	B유형은 활동지를 짝과 바꾸어서 마인드맵노트 양식에 대해 자세히 묻고 답하는 활동을 하고, C유형은 마인드맵을 다양한 신체활동으로 표현해봅니다.				

마인드맵

생각 정리:

공부명언:

구분	정리의 기술	고급

일시	월 일 시	제목	6칸 완전학습노트 양식 활용하기
활동목표	6칸 완전학습노트 양식을 활용함으로써 완벽한 예습과 수업, 복습을 기대할 수 있습니다.		
생각 열기			
활동팁	B유형은 활동지를 짝과 바꾸어서 6칸 완전학습노트 양식에 대해 자세히 묻고 답하는 활동을 하고, C유형은 학습 내용 전체를 포괄하는 질문을 몸으로 표현해봅니다.		

예습	수업 내용	이해

질문	요약	암기

생각 정리:

244

공부명언:

		구분	시험의 기술	초급
일시	월 일 시	**제목**	시험환경 적응을 위한 3분 테스트	
활동목표	3분 테스트를 통해 시험환경 적응을 위한 기초적인 시험의 기술을 익힐 수 있습니다.			
생각 열기				
활동팁	B유형은 3분 테스트를 하고 난 느낌에 대해 자세히 묻고 답하는 활동을 하고, C유형은 시험장에서 있었던 일들 중에서 기억에 남는 장면을 상황극으로 연출해봅니다.			

3분 테스트

성명:

당신은 지시에 잘 따를 수 있습니까?

1. 모든 문제를 끝까지 다 읽은 다음에 지시를 따라 테스트를 실시합니다.

2. 이 질문지 오른쪽 위에 이름을 적으세요.

3. 질문 2번에 나오는 '이름'이라는 단어에 동그라미를 그리세요.

4. 내가 하는 일에 만족하면 '만족'이라는 단어에 동그라미를 그리세요.

5. 내가 하는 일에 불만족하면 '불만족'이라는 단어에 동그라미를 그리세요.

6. 이 질문지 제목(3분 테스트) 밑에 당신의 이름을 한자나 영문으로 기입하세요.

7. 그리고 그 제목 뒤에 '예'라고 쓰세요.

8. 1번 문제를 다시 읽으세요.

9. 우리 가족의 수는 ____명입니다.

10. 지금 표시한 숫자 둘레에 삼각형을 그리세요.

11. 질문지 뒷면에 703×66을 셈하세요.

12. 질문지 3번에 있는 '질문지'라는 단어에 직사각형을 그리세요.

13. 이제 당신의 이름을 크게 한 번만 부르세요.

14. 만일 당신이 이 질문지의 지시를 잘 따르고 있다고 생각한다면 '예'라고 큰소리로 말하세요.

15. 이 질문지 뒷면에 80+8을 셈하세요.

16. 셈한 답에 동그라미를 그리고, 그 둘레에 사각형을 그리세요.

17. 10부터 1까지 거꾸로 정상 속도로 큰소리로 세어보세요.

18. 질문지 위에 연필(또는 볼펜) 끝으로 구멍 3개를 뚫으세요.

19. 질문지의 번호 1번부터 20번까지 숫자에 삼각형을 그리세요.

20. 당신은 이제 모든 문제를 조심스럽게 읽어내려왔습니다.
   2번에서 지시한 것만 따르고 나머지 지시사항은 모두 무시하세요.

   − 끝났으면 질문지를 덮어놓고
   다른 사람이 다 끝낼 때까지 눈을 감고 기다리세요. −

생각 정리:

공부명언:

			구분	시험의 기술	중급
일시	월 일 시	**제목**	시험계획 세우기		
활동목표	시험계획 세우기를 통해 목표달성을 위한 시험의 기술을 향상시킬 수 있습니다.				
생각 열기					
활동팁	B유형은 활동지를 짝과 바꾸어서 시험계획에 대해 자세히 묻고 답하는 활동을 하고, C유형은 시험 당일 어떻게 시험을 볼지 시험장 필살기를 몸으로 표현해 봅니다.				

시험목표는? (점수나 등수 등 지난 성적을 기준으로 과목별 목표성적을 정해보세요)

시험범위는? (과목별 시험범위를 정리해보세요)

D-30 시험전략은? (시험기간 한 달 동안 어떻게 공부할 것인지 시험전략을 세워보세요)

시험 당일 필살기는? (시험 당일 필살기를 정리해보세요)

생각 정리:

공부명언:

		구분	시험의 기술	고급
일시	월 일 시	**제목**	시험카드 만들기	
활동목표	시험카드 만들기를 통해 목표달성을 위한 시험의 기술을 향상시킬 수 있습니다.			
생각 열기				
활동팁	B유형은 활동지를 짝과 바꾸어서 시험카드에 대해 자세히 묻고 답하는 활동을 하고, C유형은 시험카드로 배틀 게임을 해봅니다.			

반복 □□□□□	
시험카드 만들기	팁: 단답형 시험카드를 만들어보세요.

반복 □□□□□	
시험카드 만들기	팁: 빈 칸 채우기형 시험카드를 만들어보세요.

반복 □□□□□	
시험카드 만들기	팁: 객관식 선다형 시험카드를 만들어보세요.

생각 정리:

공부명언:

		구분	건강 관리	초급

일시	월 일 시	제목	식습관 체크하기	
활동목표	식습관 체크하기를 통해 건강 증진과 학습효과를 향상시킬 수 있습니다.			
생각 열기				
활동팁	B유형은 활동지를 짝과 바꾸어서 식습관 체크하기에 대해 자세히 묻고 답하는 활동을 하고, C유형은 식습관을 바꿀 수 있는 방법을 몸으로 표현해봅니다.			

구분	먹은 음식	이로운 음식	해로운 음식	비고
아침				
점심				
저녁				
간식				

일주일 평균				

생각 정리:

공부명언:

				구분	건강 관리	중급
일시	월	일	시	**제목**	운동습관과 생활습관 체크하기	
활동목표	운동습관과 생활습관 체크하기를 통해 건강 증진과 학습효과를 향상시킬 수 있습니다.					
생각 열기						
활동팁	B유형은 활동지를 짝과 바꾸어서 운동습관과 생활습관 체크하기에 대해 자세히 묻고 답하는 활동을 하고, C유형은 운동습관과 생활습관을 바꿀 수 있는 방법을 몸으로 표현해봅니다.					

나의 운동습관은? (평소 어떤 운동습관을 갖고 있는지 생각해보세요)

나의 생활습관은? (평소 어떤 생활습관을 갖고 있는지 생각해보세요)

생각 정리:

공부명언:

			구분	건강 관리	고급
일시	월 일 시	**제목**	건강 증진을 위한 환경 만들기		
활동목표	건강을 증진시키는 환경 만들기를 통해 학습효과를 향상시킬 수 있습니다.				
생각 열기					
활동팁	B유형은 활동지를 짝과 바꾸어서 건강을 증진시키는 환경 만들기에 대해 자세히 묻고 답하는 활동을 하고, C유형은 건강을 증진시키는 환경을 만들 수 있는 방법을 몸으로 표현해 봅니다.				

자신만의 건강 관리 비결은? (건강 관리를 위한 자신만의 비결을 생각해보세요)

생각 정리:

성격유형(에니어그램 성격검사) 분류표

	구분	유형별 특징	추천 직업
성격 유형	머리형 (이성형) / 5번 머리형적 머리형 (아는 걸 좋아하는 똑순이)	'관찰자'라는 별명을 갖고 있고, 지식탐구를 좋아하며, 분석력과 통찰력이 뛰어나고, 혼자만의 시간과 공간을 중요시한다. 장점은 분석적이고 객관적이며, 현명하고 끈기가 있다는 것이고, 단점은 오만하고 고집이 세며, 지식을 나누기를 아까워한다는 것이다.	비즈니스 분야의 전략 기획실장, 경제 분석가, 연구원, 논설위원, 평론가, 건축설계사, 학술기술 분야의 교수, 학자, 엔지니어, 컴퓨터시스템 분석가, 컴퓨터 프로그래머, 소프트웨어 및 시스템 개발자, 그래픽 디자이너, 전문 분야의 영화감독, 바둑기사 등
	6번 가슴형적 머리형 (확인을 좋아하는 범생이)	'충성가'라는 별명을 갖고 있고, 폐쇄적이고 겁이 많으며, 책임감과 협동심이 강하고 안전을 추구하며, 짜여진 지침과 틀에 잘 적응하는 편이라 주위로부터 믿음직하다는 얘기를 많이 듣는다. 장점은 규범과 규칙에 충실하다는 것이고, 단점은 지나치게 신중하고, 자기방어가 심하다는 것이다.	금융 분야의 신용 조사원, 재정상담가, 은행원, 은행감독관, 대출담당자, 보안관공서 분야의 보험업체 종사자, 공무원, 장교, 경찰, 전문 분야의 감사, 약사, 회계 감사원, 기술 고문, 도서관 사서, 지질학자, 항공기 정비사, 데이터베이스 관리자 등
	7번 장형적 머리형 (즐거운 걸 좋아하는 덜렁이)	'낙천가'라는 별명을 갖고 있고, 명랑하고 아이디어가 넘치며, 쾌락과 재미를 추구하고, 남다른 재능이 많아서 무언가에 도전하기를 좋아한다. 장점은 항상 남들을 즐겁게 해주고, 자신감과 자주성이 강하다는 것이고, 단점은 지나치게 자기도취적이고 충동적이며, 1가지에 오래 집중하지 못한다는 것이다.	비즈니스 분야의 컨설턴트, 세일즈맨, 상품 기획자, 기업교육 전문가, 승무원, 파일럿, 마케팅기획 분야의 홍보 전문가, 마케팅 컨설턴트, 광고기획자, 카피라이터, 전략기획자, 크리에이티브 분야의 언론인, 기자, 칼럼니스트, 리포터, 편집자, 연출가, 개그맨, 사회자, 만화가 등
	가슴형 (감성형) / 2번 가슴형적 가슴형 (도움을 좋아하는 싹싹이)	'조력자'라는 별명을 갖고 있고, 매우 사교적이며 남을 도와주기 좋아하므로 다른 사람의 기분을 이해하고 잘 맞춰준다. 장점은 정이 많고 마음이 넓으며, 친절하고 세심하다는 것이고, 단점은 남을 돌보느라 정작 자신의 문제는 보지 못한다는 것이다.	비즈니스 분야의 비서, 보좌관, 마케팅 조사원, 판매직, 고객 응대, 세일즈맨, 음식점 및 숙박업체 경영, 연예이벤트 분야의 연회 진행자, 미용사, 메이크업 전문가, 도우미, 사회봉사 분야의 자선 사업가, 종교나 사회복지 기관 종사자 등
	3번 머리형적 가슴형 (성공을 원하는 이미지메이커)	'성취자'라는 별명을 갖고 있고, 야망이 있어서 역할이나 지위에 대해 주목받기를 원하므로 실용적이고 성공 중심적이다. 장점은 유능	비즈니스 분야의 마케팅 담당자, 세일즈 매니저, 경영 컨설턴트, 전문경영인, 투자상담가, 주식 중개인, 증권 인수업자, 국제 금융인,

성격 유형	가슴형 (감성형)	3번 머리형적 가슴형 (성공을 원하는 이미지메이커)	하고 어디서나 주목받으며, 판단 력이 뛰어나다는 것이고, 단점은 남을 쉽게 믿지 않고, 자기도취에 빠지기 쉽다는 것이다.	기업 재정 변호사, 정치인, 대변인, 보좌관, 방송 연예 분야의 아나운 서, 앵커, 리포터, 영화배우 등
		4번 장형적 가슴형 (독특한 걸 좋아 하는 4차원)	'예술가'라는 별명을 갖고 있고, 자 기중심적이고 독특한 것을 추구하 며, 수줍음이 많고, 감동적인 것을 추구한다. 장점은 따뜻하고 이해 심이 많으며, 개성이 뚜렷하다는 것이고, 단점은 사소한 일에도 쉽 게 상처받고 우울해지며, 죄책감 이 심하다는 것이다.	비즈니스 분야의 홍보 담당자, 상 품 기획자, 디자이너, 동시통역사, 변호사, 예술체육 분야의 음악가, 화가, 시인, 가수, 무용가, 배우, 연 예인, 영화 제작자, 프로 운동선수, 코치, 경호원, 상담교육 분야의 강 사, 컨설턴트, 임상 심리학자, 언어 치료사, 정신건강 상담원 등
	장형 (행동형)	8번 장형적 장형 (갖고 싶은 걸 좋아하 는 시한폭탄)	'지도자'라는 별명을 갖고 있고, 리 더십이 강해서 권력과 승리를 추 구하며, 자신이 옳다고 생각하는 것에 대해서는 모든 것을 걸고 싸 울 준비가 되어있고, 자신의 힘을 발휘할 수 있는 위치에 올라가려 고 노력한다.	비즈니스 분야의 신규사업 개척 자, 벤처 사업가, 프랜차이즈 경영 자, 기업 경영자, 국제 세일즈맨, 마케팅 담당자, 영업 및 판매 책임 자, 투자가, 교육·종교 분야의 사 회교육 감사, 기업교육 강사, 부흥 복사, 종교 지도자, 혁명 시노사, 스포츠예술 분야의 프로 운동선 수, 코치, 트레이너, 감독, 가수, 연 기자 등
		9번 가슴형적 장형 (통하는 걸 좋아 하는 곰탱이)	'조정자'라는 별명을 갖고 있고, 안 정과 평화를 추구하고 넓은 포용 력을 가졌으며, 갈등이나 긴장을 피하고 편견 없이 냉정하게 생각 하면서 다른 사람의 고민을 잘 들 어주며, 어떤 상황에서도 불만을 표출하지 않고 언제나 만족감에 차있다.	비즈니스 분야의 인사 담당자, 인 력개발 전문가, 직업 소개자, 기업 의 임원, 중간 관리자, 상담교육서 비스 분야의 약물중독 상담원, 고 용지원 상담원, 사내 상담사, 복지 전문가, 서점 운영자, 채신 관련 담당자, 보건의료 분야의 식이요 법사, 언어치료사, 대체의학 의사 등
		1번 머리형적 형 (완벽한 걸 좋아 하는 깐깐이)	'완벽주의자'라는 별명을 갖고 있 고, 자신의 이상을 실현하기 위해 노력을 아끼지 않는다. 장점은 매 사에 완벽하고 끝맺음이 정확하 며, 공정하고 정직하다는 것이고, 단점은 세부사항에 지나치게 집착 하고 너무 비판적이며, 독선적이 며, 강박적이라는 것이다.	비즈니스 분야의 세무사, 회계사, 감사, 공인회계사, 공보관, 기업 경 영자, 창업주, 관리 분야의 현장 감독, 조세감독관, 물류관리사, 품 질관리사, 정치법조 분야의 판사, 법률가, 교도관, 보호감찰관, 정치 인, 사회운동가, 환경운동가 등
비고				

흥미유형(홀랜드 흥미검사) 분류표

구분		유형별 특징	추천 직업
흥미 유형	현실형 (Realistic, 기술자)	기계와 도구, 동물에 관한 체계적인 조작활동을 좋아하고, 사회적 기술이 부족하며, '순응적인, 솔직한, 정직한, 겸손한, 유물론적인, 꾸밈없이 순수한, 지구력 있는, 실용적인, 신중한, 수줍어하는, 착실한, 검소한' 등의 단어에 잘 어울린다. 현장에서 직접 신체를 움직여서 하는 일, 눈에 보이는 결과가 나타나는 일, 자연이나 야외에서 하는 일을 좋아한다.	전기전자기술자, 엔지니어, 자동차수리공, 공학자, 방사선기술자, 배관공, 원예사, 조경사, 농장경영자, 목축업자, 산림감시원, 농업교사, 농민, 선원, 어부, 목수, 중장비기사, 비파괴기사, 경찰관, 직업군인, 항공기조종사, 항공기정비사, 운동코치, 프로 운동선수 등
	탐구형 (Investigative, 과학자)	분석적이고 호기심이 많으며, 조직적이고 정확하지만 리더십기술이 부족하며, '분석적인, 조심스러운, 비판적인, 호기심이 많은, 독립적인, 지적인, 내향적인, 방법론적인, 신중한, 정확한, 합리적인, 말수가 많은' 등의 단어에 잘 어울린다. 정보를 토대로 새로운 사실이나 이론을 밝혀내는 일, 복잡한 문제를 풀면서 성취감을 느낄 수 있는 일, 많은 자료와 현상을 분석하고 구조화해서 이론적 체계를 세우는 일을 좋아한다.	과학 분야 연구자, 물리학자, 화학자, 생물학자, 지질학자, 천문학자, 과학교사, 수학자, 통계학자, 사회과학 분야 종사자, 사회학자, 심리학자, 대학교수, 내과의사, 외과의사, 치과의사, 한의사, 수의사, 의료 기술자, 약제사, 연구개발 관리자 등
	예술형 (Artistic, 음악미술가)	표현이 풍부하고 독창적이며, 비순응적이고, 규범적인 기술이 부족하며, '세련된, 무질서한, 정서적인, 표현적인, 이상적인, 상상력이 풍부한, 실용적이지 못한, 충동적인, 독립적인, 직관적인, 비순응적인, 독창적인' 등의 단어에 잘 어울린다. 아이디어를 새로운 방식으로 표현하는 일, 어떤 사물이나 현상을 자신만의 독특한 방식으로 표현하는 일, 그리거나 만들거나 곡을 쓰거나 장식하는 등 예술적인 일을 좋아한다.	화가, 조각가, 성악가, 연주가, 무용가, 만화가, 사진가, 삽화가, 일러스트레이터, 미술교사, 음악교사, 미술관 책임자, 박물관 경영자, 건축가, 실내장식가, 작가, 시인, 아동문학가, 신문기자, 국어교사, 리포터, 잡지편집인, 카피라이터, 광고크리에이터, 연예인, 탤런트, 배우, 가수, 엔터테이너, 예능교사, 요리사, 제과제빵사, 파티시에, 푸드스타일리스트, 소믈리에 등

흥미 유형	사회형 (Social, 교육상담가)	다른 사람과 함께 일하거나 남을 돕는 것을 즐기지만 도구와 기계를 포함하는 질서정연하고 조직적인 활동을 싫어하고, 기계적이고 과학적인 능력이 부족하며, '설득력 있는, 협조적인, 우애가 있는, 관대한, 남을 도와주는, 이상적인, 통찰적인, 친절한, 책임감 있는, 사교적인, 재치 있는, 이해심 있는' 등의 단어에 잘 어울린다. 자신이 알고 있는 것을 다른 사람들에게 알려주는 일, 대화와 토론을 통해 문제를 해결하는 일, 열심히 한 만큼 인정받는 일, 대가 없이 봉사하는 일을 좋아한다.	초중고등학교교사, 상담교사, 진로진학교사, 청소년단체 지도자, 특수교육교사, 보육교사, 유치원교사, 탁아소육아 담당자, 방문교사, 학원 강사, 독서지도사, 학습코치, 입시컨설턴트, 기업교육 강사, 평생교육 강사, 문화센터 강사, 레크리에이션 강사, 사회사업가, 지역봉사단체 책임자, 결혼상담사, 간호사, 물리치료사, 심리치료사, 언어치료사, 의료보조원, 정신보건사업가, 성직자, 목사, 신부, 수녀, 스님, 대학교 취업보도과 직원, 학교 행정담당자 등
	진취형 (Enterprising, 정치경영자)	조직목표나 경제적 목표를 달성하기 위해 타인을 조작하는 활동을 즐기지만 상징적이고 체계적인 활동을 싫어하고, 과학적 능력이 부족하며, '모험식인, 야망이 있는, 관심을 받는, 지배적인, 정열적인, 충동적인, 낙관적인, 재미 추구적인, 인기 있는, 자기 확신적인, 사교적인, 말이 많은' 등의 단어에 잘 어울린다. 상황을 파악하고 문제점을 찾아내어 신속하게 해결하는 일, 업무 진행이 되게끔 조정하고 결단을 내리는 일, 조직이나 단체에서 책임지고 결정짓는 일을 좋아한다.	아나운서, MC, 토론 진행자, 방송국 PD, 영화감독, 축구감독, 뮤지컬감독, 변호사, 경매업자, 도매상인, 마케팅책임자, 홍보 담당자, 판매 책임자, 해외업무 담당지, 물품구입 담당지, 인사부 책임자, 공장관리 책임자, 레스토랑 매니저, 매장 관리자, 광고대행업자, 부동산 중개인, 상공회의소 직원, 생명보험업자, 영업사원, 세일즈맨, 여행사 직원, 여행전문가, 항공기 승무원, 이벤트 전문가, 정치인, 국회의원, 지방자치단체장, 야구 단장, 연극 단장, 협회장, 중소기업 경영자, 자영업사장 등
	관습형 (Conventional, 경리사서)	체계적으로 자료를 잘 처리하고 기록을 정리하거나 자료를 재생산하는 것을 좋아하지만 심미적 활동은 피하며, '순응적인, 양심적인, 조심성 있는, 보수적인, 억제하는, 복종적인, 질서정연한, 지구력 있는, 실용적인, 자기 통제적인, 상상력이 없는, 능력 있는' 등의 단어에 잘 어울린다. 잘 짜여진 조직이나 틀 안에서 하는 일, 목표와 절차, 수단이 명확하게 제시되는 일, 업무 자체의 능률과 효율성이 뛰어난 일을 좋아한다.	공인회계사, 보험계리사, 은행원, 재무컨설턴트, 세무회계 감사원, 신용관리자, 상업교사, 총무과 경리, 도서관 사서, 출판사 편집자, 회사 비서, 사무직원, 문서작성인, 의료기록원, 원무과 직원, 인쇄업자, 제품 관리인, 급식 관리인, 매장 판매인, 계산원, 컴퓨터 프로그래머 등
비고			

적성유형(다중지능검사) 분류표

	구분	유형별 특징	추천 직업
적성유형	언어 지능	생각하면서 복잡한 의미를 표현하는 언어를 사용하는 능력이다. 언어 지능이 높은 사람은 말이나 글로 표현하는 활동을 잘 하고, 책 읽기를 좋아해서 자주 읽으며, 한 번 읽은 내용을 잘 기억하는 편이다.	작가, 기자, 아나운서, 연설가, 출판 편집자, 카피라이터 등
	음악 지능	음높이와 음의 리듬, 음색 등에 대한 민감성을 보이는 능력이다. 음악을 듣고 표현하기를 좋아하고, 음정과 박자의 차이를 잘 알 수 있으며, 다른 사람보다 빨리 악기를 배우는 편이다.	연주가, 음악비평가, 작곡가, 콘서트 프로듀서, 음향기사, 작사가, 피아노 조율사 등
	논리수학 지능	계산과 정량화가 가능하고, 명제와 가설을 생각하면서 복잡한 수학적 기능을 수행하는 능력이다. 숫자와 친하고, 숨겨진 의도나 규칙, 공통점을 잘 찾으며, 논리성을 요구하는 활동에 능숙하고, 실험하기를 즐긴다.	수학자, 회계사, 세무사, 금융전문가, 보험상품개발자, 통계전문가, 컴퓨터 프로그래머 등
	시각공간 지능	내외적 이미지의 지각, 재창조, 변형, 수정이 가능하도록 하고, 자신이나 사물을 공간적으로 조정하며 그래픽 정보로 생산 또는 재해석이 가능하도록 하는 능력이다. 시각적 기억력이 뛰어나 눈썰미가 좋다는 말을 자주 듣고, 머릿속의 이미지를 그림이나 영상으로 잘 표현하며, 공간을 지각하는 능력이 뛰어나서 평면도를 보고 머릿속에 입체화할 수 있으므로 지도만 보고도 길을 잘 찾는다.	디자이너, 화가, 애니메이터, 사진작가, 항해사, 지도 제작자, 인테리어 전문가, 건축설계사 등

적성 유형	신체운동 지능	대상을 잘 다루고, 신체적 표현이나 신체적 기술을 잘 조절하는 능력이다. 자신이 아는 것을 몸으로 잘 표현하고, 다른 사람의 몸짓이나 목소리를 잘 흉내내며, 운동 신경이 발달되었다는 말을 많이 듣고, 주변 공간을 새롭게 꾸미는 것을 좋아한다.	배우, 레크리에이션 지도자, 에어로빅 강사, 치어리더, 요가 전문가, 무용가, 외과의사, 엔지니어, 조종사, 카레이서, 자동차 정비사, 조각가, 운동선수, 심판 등
	대인관계 지능	타인을 잘 이해하고 다른 사람과 효과적으로 상호 작용하는 능력이다. 상황을 이해하는 능력이 뛰어나고 타인의 감정을 잘 이해하므로 친구들 사이에서 인기가 많으며, 사람들 앞에서 공연이나 발표하는 것을 좋아하고, 여러 사람의 마음을 움직여서 원하는 방향으로 이끄는 리더십이 있다.	교사, 정치가, 외교관, 공무원, 변호사, 경찰관, 사회복지사, 상담원, 판매원 등
	자기성찰 지능	자신에 대한 정확한 지각을 바탕으로 자신의 인생을 계획하고 조절하는 데 필요한 지식을 사용할 수 있는 능력이다. 자기 내면의 세계가 확고해서 조용히 명상하거나 생각하는 시간을 즐기며, '왜?'라는 질문을 잘하고, 혼자 힘으로 계획을 세우고 결정을 내릴 수 있으며, 자신의 신념을 지키기 위해 애쓴다.	철학자, 수도자, 소설가, 정신과의사, 범죄연구원, 심리치료사, 정신적 지도자 등
	자연친화 지능	자연의 패턴을 관찰하면서 대상을 정의하고 분류하며, 자연과 인공적인 체계를 이해하는 능력이다. 자연현상을 탐구하거나 감상하기를 좋아하고, 별자리나 우주, 자연에 관심이 많으며, 농사짓기와 화분 가꾸기, 동물 기르기 등을 잘 하고, 실험이나 견학, 여행을 좋아한다.	원예사, 정원사, 천문학자, 여행가, 수의사, 농부, 생태연구가, 환경운동가, 환경전문가, 기상예보관, 조련사, 사육사, 꽃꽂이 강사 등
비고			

다양한 고등학교 종류

최근 다양해진 고등학교 종류에 대해서 알아두어야 자신의 진로를 정할 수 있습니다. 대학 입학만큼이나 복잡해진 고등학교 입학에 대해서도 생각을 해보는 시간을 갖습니다.

구분	학교유형		학교수	유형 소개	모집 시기
전기	특수목적고 (특목고)	외국어고	32	국제적 인재 양성, 외국어계열 교과에 대한 집중 교육	10~12월
		국제고	4	글로벌 리더 양성, 국제사 · 국제지리 등 국제계열 교과 중심 교육(외국어 포함)	
		과학고	18	과학 영재 양성(시도 교육감 관할), 과학 · 수학 교과 집중 및 속진 교육	
		예술,체육고	39	예술 · 체육 인재 양성	
		기타	29	공업 · 농업 · 수산 · 해양 계열 특성화 고교	
	자립형 사립고		6	정부 지원금 없이 독립된 재정과 자율적 교과 과정 운영. 학생 선발에서 자율권을 인정받아 상위권 학생 모집	10~11월
	영재학교		3	과학 영재 양성(교육부 관할), 연구와 실험 중심의 과학 · 수학 심화 교육, 대학 연계 프로그램 운영(무학년제 등)	5~6월
	자율형 사립고		20	교육 과정, 교원 인사, 학사 운영 등을 학교가 자유롭게 운영. 학교별 특성에 맞는 교육 과정 운영으로 교육의 질 향상	10~12월
	대안학교		23	대안교육 특성화 학교(21개)와 대안학교(2개)로 구분	9~12월
	전문계 고등학교		235	공업 · 상업 · 농업 · 수산 · 해양 · 가사 · 정보 등 고교	10~11월
후기	일반고		1,493	특목고 및 자율고를 제외한 일반 인문계 고교 총칭	
	기숙형 공립고		82	농촌, 중소도시, 대도시의 낙후 지역의 열악한 교육 인프라 개선, 지역별 우수 고교를 지정하여 평균 38억 원의 지원금을 제공. 대부분 학생이 기숙사 생활을 통한 전인교육 진행	11~12월
	개방형 자율고		10	일반계 고교 중 교육 과정 운영과 신입생 선발 등에 자율권 부여(교과 과정 자율 편성, 무학년제 도입)	

다양한 대학교의 학과들

점점 다양해지는 대학의 학과들과 그 명칭들도 알아두면 앞으로 여러분이 할 일에 대한 진로에 대해서 좀 더 구체적으로 생각할 수 있을 겁니다.

계열	모집단위 학과
인문계열	언어학과, 러시아어문학과, 역사ㆍ고고학과, 국어국문학과, 스페인어문학과, 종교학과, 일본어문학과, 프랑스어문학과, 국제지역학과, 중국어문학과, 문헌정보학과, 철학ㆍ윤리학과, 영미어문학과, 문화민속미술사학과, 문예창작과, 독일어문학과, 심리학과, 신학과
사회계열	언론방송매체학과, 법학과, 정치외교학과, 관광학과, 사회복지학과, 행정학과, 항공서비스학과, 아동청소년노인학과, 경찰행정학과, 광고홍보학과, 국제학과, 지리학과, 도시지역학과, 보건행정학과, 사회학과, 비서과
경상계열	경영학과, 무역유통학과, 경제학과, 금융부동산과, 세무회계학과
교육계열	교육학과, 국어교육과, 수학교육과, 영어교육과, 사회교육과, 과학교육과, 초등교육과, 특수교육과, 음악교육과, 미술교육과, 체육교육과, 유아교육과
자연계열	농학과, 수의학과, 식품조리과, 축산학과, 응용동물학과, 의류의상학과, 수산학과, 자원학과, 수학과, 산림학과, 화학과, 통계학과, 원예학과, 환경학과, 물리학과, 임산공학과, 가정관리학과, 천문학과, 생명과학과, 식품영양학과, 대기과학과, 생물학과, 식품공학과, 지구과학과
의약계열	의학과, 치위생학과, 안경광학과, 치의학과, 임상병리학과, 의료장비과, 한의학과, 방사선학과, 치기공과, 간호학과, 재활학과, 응급구조학과, 약학과, 물리치료학과, 의무행정과, 한약학과, 작업치료학과, 의료공학과
공학계열	건축설비공학과, 금속공학과, 전산학과, 건축학과, 자동차공학과, 컴퓨터공학과, 전기공학과, 게임공학과, 조경학과, 전자공학과, 컴퓨터소프트웨어학과, 토목공학과, 제어계측공학과, 정보통신학과, 도시공학과, 광학공학과, 산업공학과, 지상교통공학과, 에너지공학과, 화학공학과, 항공우주공학과, 반도체공학과, 항공교통공학과, 세라믹공학과, 소방방재학과, 신소재공학과, 해양공학과, 섬유공학과, 기계공학과, 재료공학과
예체능계열	산업디자인학과, 무용학과, 방송연예학과, 시각디자인학과, 체육학과, 음악학과, 패션디자인학과, 경호학과, 국악학과, 실내디자인학과, 회화과, 기악학과, 공예학과, 동양화과, 성악학과, 사진학과, 서양화과, 작곡과, 만화애니메이션학과, 응용미술학과, 음향과, 영상예술학과, 조형학과, 뷰티아트과, 연극영화학과

다양한 직업의 세계

직업군	관련 직업
디자인 관련	화가, 만화가 및 애니메이터, 제품디자이너, 일러스트레이터, 인테리어디자이너, 패션디자이너, 웹디자이너, 광고디자이너
사진 · 방송 관련	사진작가, 촬영기사, 조명기사, 영상녹화 및 편집 기사, 작가
음악 관련	성악가, 국악인, 가수, 연주가, 음향 및 녹음기사
운동 관련	무용가, 운동선수, 프로게이머, 경호원, 경찰관, 소방관, 직업군인
경제 관련	회계사, 세무사, 경영컨설턴트, 기업고위임원, 투자분석가, 보험계리인, 펀드매니저, 외환딜러
언어 및 수리 능력 관련	번역가, 통역가, 기자, 아나운서, 쇼핑호스트, 변리사
대인전문직	전문비서, 사회복지사, 상담전문가, 성직자, 비행기승무원, 호텔지배인, 피부관리사, 메이크업아티스트, 코디네이터, 사서, 카지노딜러, 문화재보존가, 헤드헌터
정비 관련	항공기정비원, 자동차정비원
보건의료 관련	의사, 한의사, 치과의사, 음악치료사, 수의사, 간호사, 영양사, 의무기록사, 물리치료사, 작업치료사, 임상심리사, 치과위생사, 임상병리사, 병원코디네이터, 안경사, 치과기공사, 방사선사
기술 및 이학 관련	기계공학기술자, 전자공학기술자, 대체에너지개발연구원, 로봇연구원, 항공공학기술자, 통신공학기술자, 화학공학기술자, 섬유공학기술자, 산업공학기술자, 컴퓨터공학기술자, 원자력공학기술자, 웹프로그래머, 자연과학연구원, 자동차공학기술자, 컴퓨터프로그래머, 시스템엔지니어, 정보보호전문가, 전자상거래 전문가, 시스템컨설컨트, 가상현실전문가, 에너지공학기술자, 해양공학기술자, 의료장비기사, 수학 및 통계연구원, 식품공학기술자
특수운전 관련	선장 및 항해사, 항공기조종사, 항공교통관제사, 철도 및 지하철 기관사
조리 관련	조리사, 주방장, 제과제빵사
교직	특수학교교사, 초등학교교사, 중등학교교사, 유치원교사, 교수

기획 전문	게임기획자, 광고 및 홍보전문가, 공연기획자, 웹프로듀서, 파티플래너, 영화감독, 학예사(큐레이터), 방송연출가, 국제회의전문가
제도 및 정밀제조 관련	측량사, 귀금속 및 보석 세공원, 건축 및 토목 캐드원, 도장기 조작원
법조인	판사, 검사, 변호사, 법무사
환경 · 생명 관련 연구, 기술직	도시계획가, 환경공학기술자, 환경영양평가원, 조경기술자, 생명과학연구원
전문 서비스	개그맨, 스포츠에이전트, 법무사, 연기자, 모델, 상품중개인, 부동산중개인, 노무사, 레크레이션 진행자, 마술사, 성우
입법 · 행정 관리	국회의원, 외교관, 행정부고위공무원, 통상전문가
건축 및 설비	건축공학기술자, 토목공학기술자, 용접원
시설사회	축산사육사, 축산소년사, 특용식물새배사

공부에 관한 명언 100선

- 피할 수 없다면 즐겨라.

- 늦었다고 생각할 때가 가장 빠른 때이다.

- 최선은 나를 절대 배반하지 않는다.

- 오늘 걷지 않으면 내일은 뛰어야 한다.

- 남보다 더 일찍 더 부지런히 노력해야 성공을 맛볼 수 있다.

- 승리는 가장 끈기 있는 사람에게로 돌아간다.

- 포기하지 마라. 저 모퉁이만 돌면 희망이란 녀석이 기다리고 있을지 모른다.

- 실패는 용서해도 포기는 용서 못한다.

- 공부할 때의 어려움은 잠깐이지만, 성공한 후의 즐거움은 일평생이다.

- 마음먹은 일은 일단 시작했으면 반드시 끝이라는 결과를 보아야만 한다.

- 눈이 감기는가? 그럼 미래를 향한 눈도 감긴다.

- 잠을 자면 꿈을 꾸지만 공부를 하면 꿈을 이룬다.

- 꿈이 없는 십대는 틀린 문장의 마침표와 같다.

- 꿈이 바로 앞에 있는데, 당신은 왜 팔을 뻗지 않는가?

- 미래에 투자하는 사람은 현실에 충실한 사람이다.

- 스스로 진지하게 목표를 설정하는 사람은 그것을 이룰 것이다. - 디즈레일리

- 꿈을 계속 간직하고 있으면 반드시 실현할 때가 온다. - 괴테

- 오랫동안 꿈을 그리는 사람은 마침내 그 꿈을 닮아간다. - 앙드레 말로

· 기대하는 대로 얻는다. - 앤드류 매튜스

· 더 이상 꿈을 꿀 수 없음은 죽음을 의미하는 것이다. - 엠마 골드만

· 내가 헛되이 보낸 오늘은 어제 죽은 이가 갈망하던 내일이다.

· 오늘 할 일을 내일로 미루지 마라.

· 공부할 때의 고통은 잠깐이지만 못 배운 고통은 평생이다.

· 지금 흘린 침은 내일 흘릴 눈물이 된다.

· 자신감은 성공으로 이끄는 제1의 비결이다. - 에디슨

· 불가능이란 노력하지 않는 자의 변명이다.

· 노력의 대가는 이유 없이 사라지지 않는다.

· 고생 없이 얻을 수 있는 것들 중에 진실로 귀중한 것은 하나도 없다.

· 인간의 정신과 육체는 쓰면 쓸수록 강해진다.

· 긍정적으로 생각하는 사람들에게는 문제란 단지 배움의 기회일 뿐이다.

  - 앤드류 매튜스

· 학교 수업 무시하면 공부습관 버린다.

· 오늘 보낸 하루는 내일 다시 돌아오지 않는다.

· 성적은 투자한 시간의 절대량에 비례한다

· 공부는 시간이 부족한 것이 아니라 노력이 부족한 것이다.

· 성공은 아무나 하는 것이 아니다. 철저한 자기 관리와 노력에서 비롯된다.

- 10분 뒤와 10년 후를 동시에 생각하라.

- 변명 중에서도 가장 어리석고 못난 변명은 "시간이 없어서"라는 변명이다.

  – 에디슨

- 시간 부족은 부족 그 자체가 아니라 관리의 문제다. – 피터 드러커

- 하루 15분 정도의 알찬 활용이 삶의 명암을 갈라놓는다. – 사무엘 스마일스

- 인생을 사랑한다면 시간을 낭비하지 마라. 왜냐하면 인생이란 시간 그 자체이기

  때문이다. – 벤저민 프랭클린

- 침대만 과학이 아니라 공부도 과학이다.

- 돌머리도 한 번 새기면 오래간다.

- 물 위를 걷는 달인처럼 잊어버릴 때마다 반복하면 망각의 강을 건널 수 있다.

- 기억의 황금시간은 배운 직후, 잠들기 직전이다.

- 칼날만 갈고 있으면 너무 닳아서 벨 수 없다. 지금 당장 시작하라.

- 한 번도 사냥에 실패하지 않은 사자처럼 시험장 필살기로 무장하라.

- 전쟁과 시험은 치르기 전에 성패가 결정되어있다. 철저히 준비하라.

- 비가 올 때까지 기우제를 지내는 인디언처럼 암기가 될 때까지 암기하라.

- 할 수 없어도 할 수 있다고 말하지 않으면 기회는 없다. – 나카타니 아키히로

- 어떤 말을 만 번 이상 되풀이하면 반드시 미래에 그 일이 이루어진다.

  – 아메리카 인디언 금언

- 공부는 무한하지만 시험공부는 유한하다.

- 정답이 항문이면 똥구멍이라고 쓰지 마라. 시험지만 더러워질 뿐이다.

- 제한시간 안에 문제를 못 풀면 전혀 공부하지 않은 것과 마찬가지다.

- 완벽암기가 안되면 전혀 공부하지 않은 것과 마찬가지다.

- 박태환, 김연아가 전지훈련 하듯이 시험환경 적응 훈련을 해야 한다.

- 암기를 하려면 암기하려는 마음을 먹고 암기만을 위한 시간을 가져야 한다.

- 긴장할수록 높은 곳에서 멀리 보는 여유를 가져라.

- 불안은 노력의 훈장이다.

- 문제란 사람이 최선을 다할 기회다. - 듀크 엘링턴

- 실패했을 때 우리는 '실패'라고 쓰고 '경험'이라고 읽는다.

- 꿈이 없는 사람은 아무런 생명력도 없는 인형과 같다. - 그라시안

- 오리도 지랄하면 날듯이 학생에게 목표가 생기면 열공하게 된다.

- 우리의 현재 위치가 소중한 것이 아니라 우리가 가고자 하는 방향이 소중한 것

  이다. - 홈즈

- 꿈을 밀고 나가는 힘은 이성이 아니라 희망이며 두뇌가 아니라 심장이다.

  - 도스토예프스키

- 큰 야망을 품었을 때 커다란 결실을 맺을 수 있다. - 힐러리 클린턴

- 승자는 시간을 관리하며 살고, 패자는 시간에 끌려다니며 산다. - J. 하비스

- 시간을 지배할 줄 아는 사람은 인생을 지배할 줄 아는 사람이다. - 에센 바흐

- 물방울이 바위를 뚫듯이 정진하면 안 되는 일이 없다.

- 꿈을 현실화시키기 위해서는 두려운 결심, 헌신, 훈련, 그리고 노력이 필요하다.

  - 제시 오웬스

- 노력한 사람이 모두 성공한 것은 아니지만, 성공한 사람들은 모두 노력했다.

- 공부는 머리가 아닌 몸으로 하는 것이다.

- 처음에는 서툴러도 열심히 반복하면 최고가 될 수 있다.

- 마음이 모든 것이다. 내가 나인 것은 모두 마음 때문이다. - 파보 누루미

- 내가 지닌 근육은 모두 고된 훈련의 소산이다. - 이블린 애시퍼드

- 이해한다는 것은 단순히 안다는 것과 크게 다르다. - 찰스 케터링

- 때때로 푹 쉬도록 하라. 한 해 놀린 밭에서 풍성한 수확이 나는 법이다. - 오비드

- 사람은 '미치광이'라는 말을 들을 정도가 아니면 아무것도 이룰 수 없다. - 박태준

- 보고 이해하는 기쁨은 자연이 인간에게 준 가장 위대한 선물이다. - 아인슈타인

- 인생에서 뭔가를 이루려면 오직 열심히 노력하는 길밖에 없다. - 브루스 제너

- 하늘은 스스로 돕는 자를 돕는다. - 스마일스

- 내 인생은 내가 오늘 무엇을 하느냐에 달려있다.

- 매일 설레는 아침을 맞는 사람은 반드시 성공한다.

- 고된 훈련 덕분에 쉽게 우승할 수 있었다. - 나디아 코마네치

- 매 순간을 즐기고, 승리와 패배를 걱정하지 마라. - 매트 비욘디

- 한 번의 훈련으로는 아무것도 일어나지 않는다. - 에밀 자토펙

- 그 아무리 위대한 일도 열심히 하지 않고 성공한 예는 예부터 없다.

  - 랄프 왈도 에머슨

- 가장 강한 사람은 자기 자신을 이기는 사람이다. - 노자

- 참으로 위대한 사람들은 하루하루의 작은 일들을 소홀히 하지 않고 주의를 기울

여 개선한다. - S. 스마일스

• 실패했다고 실패자가 되는 것은 아니다. 실패는 단지 1가지 사건일 뿐이다.

• 실패의 99퍼센트는 항상 핑계를 대는 사람들에 의해 저질러진다. - 조지 W. 카버

• 죽어라 열심히 공부해도 죽지는 않는다.

• 10분 더 공부하면 남편과 아내의 얼굴이 바뀐다.

• 행복은 성적순이 아니지만 성공은 성적순이다.

• 공신들을 재수 없다고만 생각하면 재수하게 된다.

• 공부가 인생의 전부는 아니지만 삶의 모든 순간이 공부다.

• 성공은 밤낮없이 거듭되었던 작고도 작은 노력들이 한데 모인 것이다.

• 최고가 되려면 집중력과 끊임없는 연습, 꿈이 필요하다. - 그리피스 조이너

• 오늘이 나의 최초의 날이자 최후의 날이라고 생각하고 살아라. - 이스라엘 격언

• 공부가 인생의 전부는 아니다. 그러나 공부 하나도 정복하지 못한다면 무슨 일

  을 할 수 있겠는가?

• 공부하라. 더욱 더 공부하라. 끝까지 공부하라.

플랜두씨로 명문대 안전정복

2017년 12월 29일 1판 1쇄 박음
2018년 01월 10일 1판 1쇄 펴냄

지은이 서상훈
펴낸이 김철종
책임편집 장웅진　**디자인** 정진희　**마케팅** 오영일
인쇄제작 정민문화사

펴낸곳 한언
출판등록 1983년 9월 30일 제1-128호
주소 110-310 서울시 종로구 삼일대로 453(경운동) KAFFE빌딩 2층
전화번호 02)701-6911　**팩스번호** 02)701-4449
전자우편 haneon@haneon.com　**홈페이지** www.haneon.com

ISBN 978-89-5596-832-3　03370

이 도서의 국립중앙도서관 출판예정도서목록(CIP)은 서지정보유통지원시스템
홈페이지(http://seoji.nl.go.kr)와 국가자료공동목록시스템(http://www.nl.go.kr/kolisnet)에서
이용하실 수 있습니다.(CIP제어번호: CIP2017035405)

한언의 사명선언문

Since 3rd day of January, 1998

Our Mission – 우리는 새로운 지식을 창출, 전파하여 전 인류가 이를 공유케 함으로써 인류 문화의 발전과 행복에 이바지한다.

– 우리는 끊임없이 학습하는 조직으로서 자신과 조직의 발전을 위해 쉼 없이 노력하며, 궁극적으로는 세계적 콘텐츠 그룹을 지향한다.

– 우리는 정신적, 물질적으로 최고 수준의 복지를 실현하기 위해 노력 하며, 명실공히 초일류 사원들의 집합체로서 부끄럼 없이 행동한다.

Our Vision 한언은 콘텐츠 기업의 선도적 성공 모델이 된다.

저희 한언인들은 위와 같은 사명을 항상 가슴속에 간직하고
좋은 책을 만들기 위해 최선을 다하고 있습니다.
독자 여러분의 아낌없는 충고와 격려를 부탁드립니다.

· 한언 가족 ·

HanEon's Mission statement

Our Mission – We create and broadcast new knowledge for the advancement and happiness of the whole human race.

– We do our best to improve ourselves and the organization, with the ultimate goal of striving to be the best content group in the world.

– We try to realize the highest quality of welfare system in both mental and physical ways and we behave in a manner that reflects our mission as proud members of HanEon Community.

Our Vision HanEon will be the leading Success Model of the content group.